じつは最強! 武術家のための24式太極拳

真北斐図
AYATO MAKITA

BAB JAPAN

はじめに

この本は、武道・武術の専門誌『月刊秘伝』に1年間連載した「太極拳のマコト」という記事を一冊にまとめたものです。既刊書籍『太極拳のヒミツ』の続編ともいえます。主に「簡化24式太極拳」の武術的な面に焦点を当てて、太極拳上達のための「実践法」を順序立てて紹介しました。武術としての使い方を知ることで、本質的な動きの意味がわかり、理解が飛躍的に深まるはずです。

この本には、いくつか造語が出てきます。一般的に気功で教えられている「陰掌」「陽掌」という名称とは異なる「陰陽の腕」という概念や、頭頂と会陰《えいん》をつなぐ中心軸ではなく、目と鼻の先にある「天の中心軸」という基軸について、独自の概念を解説しています。また、「ポン（掤）・リー（履）・ジー（擠）・アン（按）」ではなく、「ジー（擠）・リー（履）・アン（按）・ファンソン（放鬆）・ポン（掤）」というワンパターンの分割法も、様々な角度から解説しました。

なぜ、独自の名称を作る必要があったのかといえば、それは決して勝手な太極拳を作り出すためではありませんでした。古い時代には当たり前に理解されていた「基準」を復活するための一つの試みと解釈していただきたいと思います。

太極拳を学ぶ人は、先生から一つの「套路《とうろ》」を学び、練習しはじめます。しかし、別の先生、または別の套路を学んだ人と太極拳について会話を交わそうとしても、「共通項」を見つけにくいものです。

はじめに

「套路」とは、太極拳の各動作をつなげたものです。「套路」にはまず、陳式・楊式・呉式・孫式・武式という五大流派の伝統拳套路があり、制定拳や競技用套路があります（簡化24式太極拳は「制定拳」にあたります）。

それぞれの套路が異なっているのは仕方がないとしても、「基本的な理解」、例えば「足を肩幅に開く」というような説明も、教える先生によってバラバラでは困ります。古くは、「両肩のツボ『肩井《けんせい》』と、足の裏のツボ『湧泉《ゆうせん》』を垂直線でつなぐように立つ」と教えられていました。それはツボの名称が含まれているため難しいのですが、「両脚の間に一足分の開きを持たせる」と表現すれば、誰が行ってもぴったり合うはずです。そのような、すべての太極拳実践者に共通の「基準」が求められているのではないかと私は思います。

私の一連の著作は、私が幾人かの老師から教わった太極拳の知識に基づき、日々の練習の中で得た気づきによって生まれたものです。この本を読んで興味を持たれた方は、以前出版された本『太極拳の「なぜ？」』や『太極拳のヒミツ』等も、ぜひお読みいただければと思います。そして、奥が深い太極拳の探求と実践に興味を持つ人がより一層増えることを心から願っています。

真北斐図

目　次

第1章
陰陽の腕

写真◎中村治

太極拳上達を目指して

本書では、太極拳動作をどうすれば深く理解でき、上達することができるのか、その考え方と実践法を解説していきます。一言で「太極拳」といっても、実に多くの種類の套路《とうろ》がありますが、主に、ここで取り上げる太極拳は「簡化24式太極拳」です。

「なんだ、簡化太極拳かー」という声が聞こえてきそうです。一般的には「簡化太極拳」は入門套路という位置づけです。「健康体操」としての意味しかなく、伝統太極拳の武術的要素を取り去った「骨抜き套路」であると多くの人に理解されていますが、私はそのような捉え方はしません。

「簡化太極拳」は内容を正しく理解すれば、そのままで完ぺきな「武術」なのです。動作の中に隠れている「法則」を掴むことで、古式太極拳にグレードアップさせることだってできるのです。

陳式太極拳こそが太極拳のルーツで、素早い動作や、発勁や化勁や纏糸勁《てんしけい》など、武術的要素が完備され、それ以降に生まれた流派はその要素が次第になくなっていったものだとか、逆に、陳式太極拳以降に作られた流派こそが内家拳としての太極拳で、陳式太極拳は炮捶《ほうずい》と呼ばれ、太極拳とは呼べない下等な武術であるなどと説明する諸説も、あまり意味がないのではないかと考えます。

ウルトラマンとスパイダーマンの強さを比較して何になるのでしょう。套路や流派を比較しても何の意味もありません。套路とは外套のように実践者が身にまとうものです。それぞれの流派は創始者から代々受け継がれてきた教えのカプセルです。それ以上でもそれ以下でもありません。要はあなたが太極拳にどう向き合い、どう理解し、体得するかが重要なのです。

私たちは一度、ピュアな視点で太極拳を捉え直してみる必要があるのではないかと考えます。

武術としての太極拳動作

当然ですが、本来太極拳は「武術」なのです。武術とは敵との攻防戦です。『太極拳経』など、古い太極拳のテキストにあるように、「力を用いず敵を制する」という大切な目的があります。

では試してみましょう。

だれか、あなたの友人に手伝ってもらいましょう。

1．Ａ（あなた）は、足を肩幅に開いて立っています。

2．Ｂ（友人）に、あなたの両手をしっかり握ってもらいましょう（次ページ写真１）。

3．さあ、それではあなたはいつも練習している「起勢」の要領で両手を持ち上げてみてください（写真２）。

これは力比べではありません。腕をひねって上げようとしたり、力任せに姿勢を崩して持ち上げようとしてはいけません。上体は直立姿勢で両手を上げることができるか、あなたがいつも太極拳を練習している時のように、両手を上げてみてください。

力任せに相手を崩そうとしても崩すことはできない

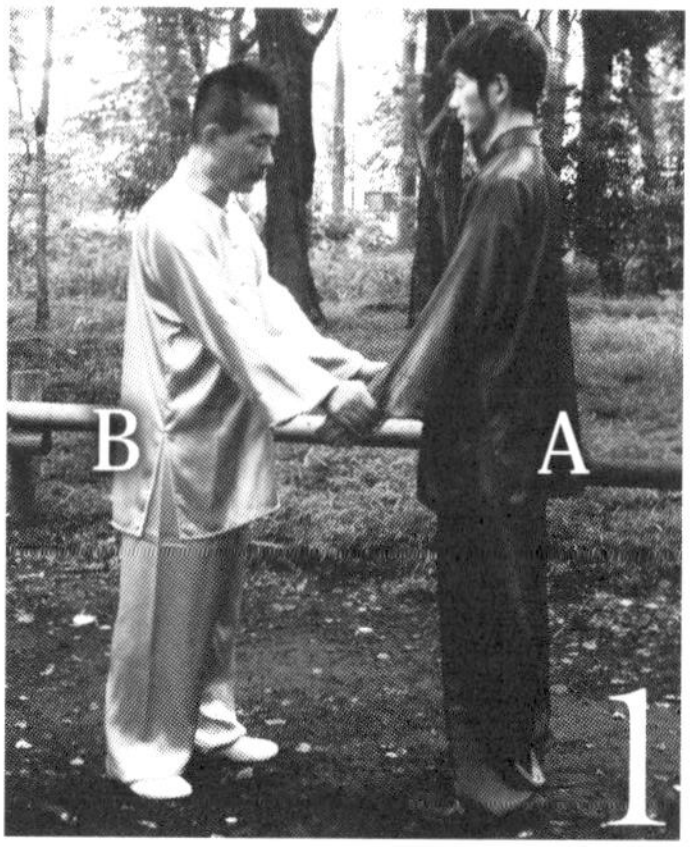

Aは、力で押したり持ち上げたりして崩そうとしてしまったために、相手が力の起こりを察知し、押さえられてしまっている。
普段の「起勢」がこういった力の用い方をしていては、太極拳の上達は望めない。正しく相手を崩すやり方は16～17ページに掲載。

「起勢」は、ほぼすべての太極拳套路に共通しています。もしも両手を上げることができないとしたら、あなたがいつも練習している太極拳動作はどこかに欠陥があるはずです。さあ、友人に握られた腕を制することができるのでしょうか？

「一手教えましょう」という言葉があります。将棋の世界にも碁の世界にも、または合気道の世界でも、上級者と初心者は大きな隔たりがあります。初心者がいくらあがいても上級者には勝てません。それは明白に技術の差が存在するからです。

上級者（老師）は初心者（弟子）を引き上げるために「一手」を教えます。すると、初心者は確実に一歩技術を向上させることができるのです。初心者がそうした教えを受けることがなければ、とても長い期間、遠回りをしなくてはいけないでしょう。

私が上級者と認められるかどうかはわかりませんが、これまで39年間太極拳を追求してきた経験から、「陰陽の腕」という一手を紹介したいと思います。

陰陽の腕

「陰掌」「陽掌」という名称は気功・太極拳実践者の間で知られています。「陰掌」とは手のひらが地面に向いた手の形を言います。「陽掌」とは手のひらが天に向いた形です。陰陽理論で、天が「陽」、地が「陰」と表現されるので、このような手の名前があるのですが、この概念は、私が思うに、「気功」としては意味を持ちますが、太極拳の理解にはあまり有益とは思えません。

これから紹介する「陰の腕」「陽の腕」という呼び方は、私独自の名称で、私の教室では生徒に教えていますが、まだ現在のところ一般的ではありません。これまで長く太極拳を学んだ人も、初めて聞く名称だろうと思います。

さあ、次ページのイラスト3を見てください。この手の形は、手のひらが地面に向いていますから一般には「陰掌」と呼ばれますが、これを私は「陽の腕」と命名しました。なぜそんな紛らわしい名前を付けたのでしょうか？　順を追って説明していきます。

この手の形は手首だけ反らせて形を作ろうとするのではなく「肘」も曲げて、腕全体が丸くカーブを描いているようにします。それで、この手の形をとって、約３分間、静止状態を保ちます。

「陰陽の腕」のエクササイズ

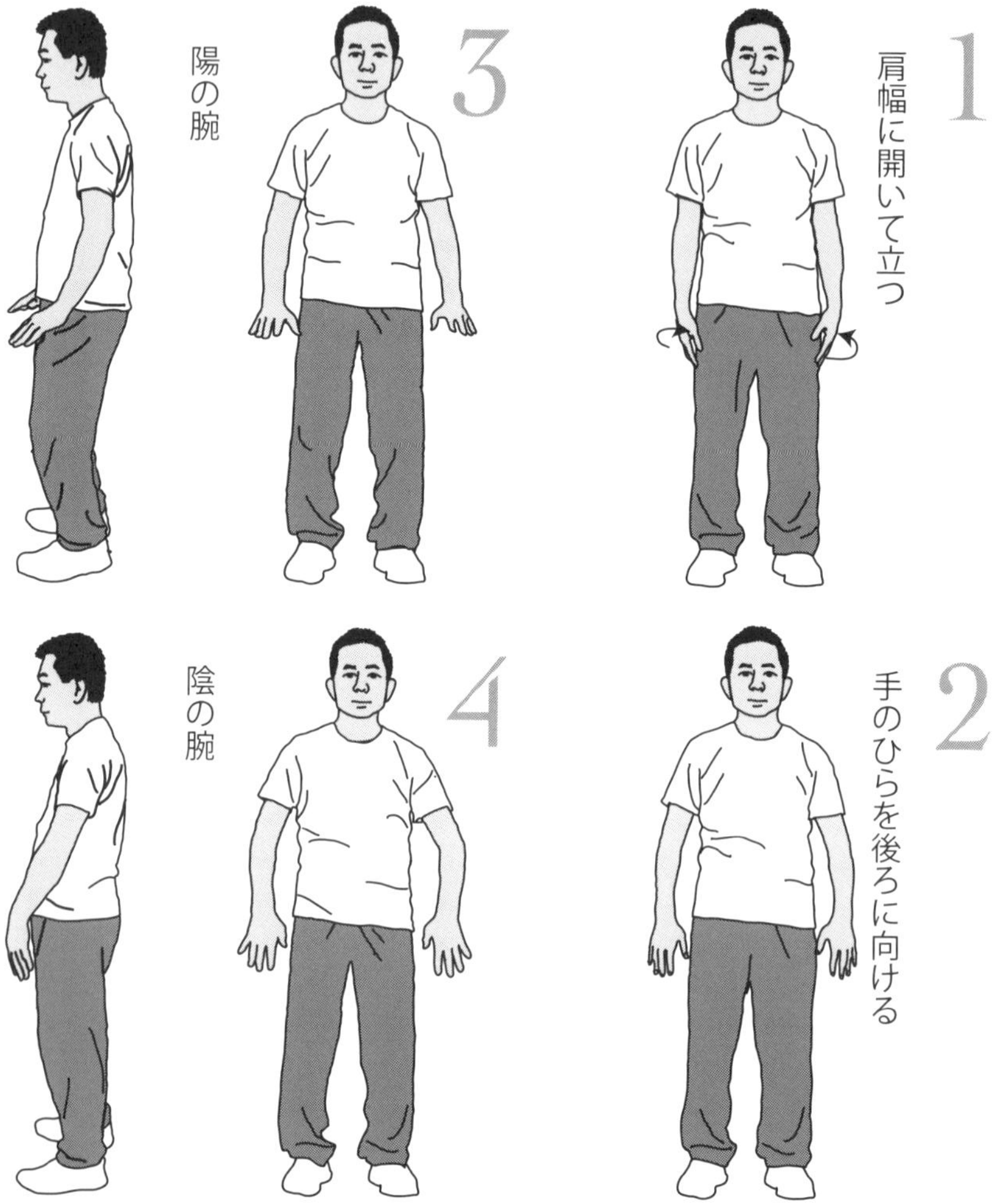

「陰の腕」と「陽の腕」を用いたエクササイズ。①足を肩幅に開いて自然体で立つ。②手を少し前に出しながら、手のひらを後ろに向ける。そこから、膝を軽く曲げ、③指先を前に向け「陽の腕」を作る。④次に、指先を下に向け「陰の腕」を作る。③と④をゆっくりと繰り返す。
肘を曲げたり伸ばしたりして腕を動かすような意識を消して、「陰陽の腕」を繰り返す。この動作はすべての太極拳動作に応用できる。

陰の腕　　陽の腕

陰陽の腕の站桩功

こうして立つエクササイズは「站桩功」と呼ばれます。太極拳の本質は「静止状態」にあります。どんなに才能のある人でも、ただ太極拳の動作を型どおりに通して練習するだけなら、決して深い太極拳の境地を体得することも、功夫《カンフー》を得ることもできません。

3分間ほどこの手の形のまま立つと、手のひらは何か不思議な「しびれ」「温かさ」「圧力感」などの感覚が感じられてきたのではありませんか？　それは手のひらに「気」が集まってきた証拠です。

「え、これが『気』だって!?　ただ手に血液が集まって、血管が膨張しているだけじゃないのか」と疑わないでください。このような感覚を「無視」すれば、決して「気」を理解することはできないでしょう。

さて、3分経ちました。では次の手の形をとりましょう。まず、「陽の腕」の形を緩めてダランと垂らします。

それから両手の親指をほんの少し尺骨側に引き上げるようにします。すると、両肘が曲がり、両脇がやや開きます。この腕の形が「陰の腕」（右ページイラスト4の形）です。やはりこの腕の状態でも3

分「站桩」してみてください。

この二つの姿勢を合わせれば、6分です。できれば、それを2～3ラウンドほど行いましょう。このエクササイズは1回で終わらせないで、できれば毎日続けるといいでしょう。

太極拳の根本原理につながる動作

「陽の腕」の時は両肩と両肘に重さが感じられ、下に引っ張られているのが感じられるでしょう。これを「沈肩墜肘《ちんけんついちゅう》」と呼びます。じっと立っている間、手のひらの「労宮《ろうきゅう》」から「気」を呼吸するイメージを持って行います。これは「空気の呼吸」とは関係ありません。手のひらからジワリジワリと「気」が浸透してきて、肘、肩と上るのを感じましょう。できれば足の裏まで、取り込まれた「気」を沈めていきます。

「陰の腕」の時は、足の裏から取り込まれ上昇する「気」を感じてみましょう。

「手のひらで呼吸するなんて、そんな馬鹿な！」と疑わないで、まず実践してみてください。「気」を感じるか感じないかは、それほど重要ではありません。大切なのは、このような実践を飽きないで続けることです。この単純な動作が、太極拳の根本的理解に大きくつながっていくのです。

沈肩墜肘

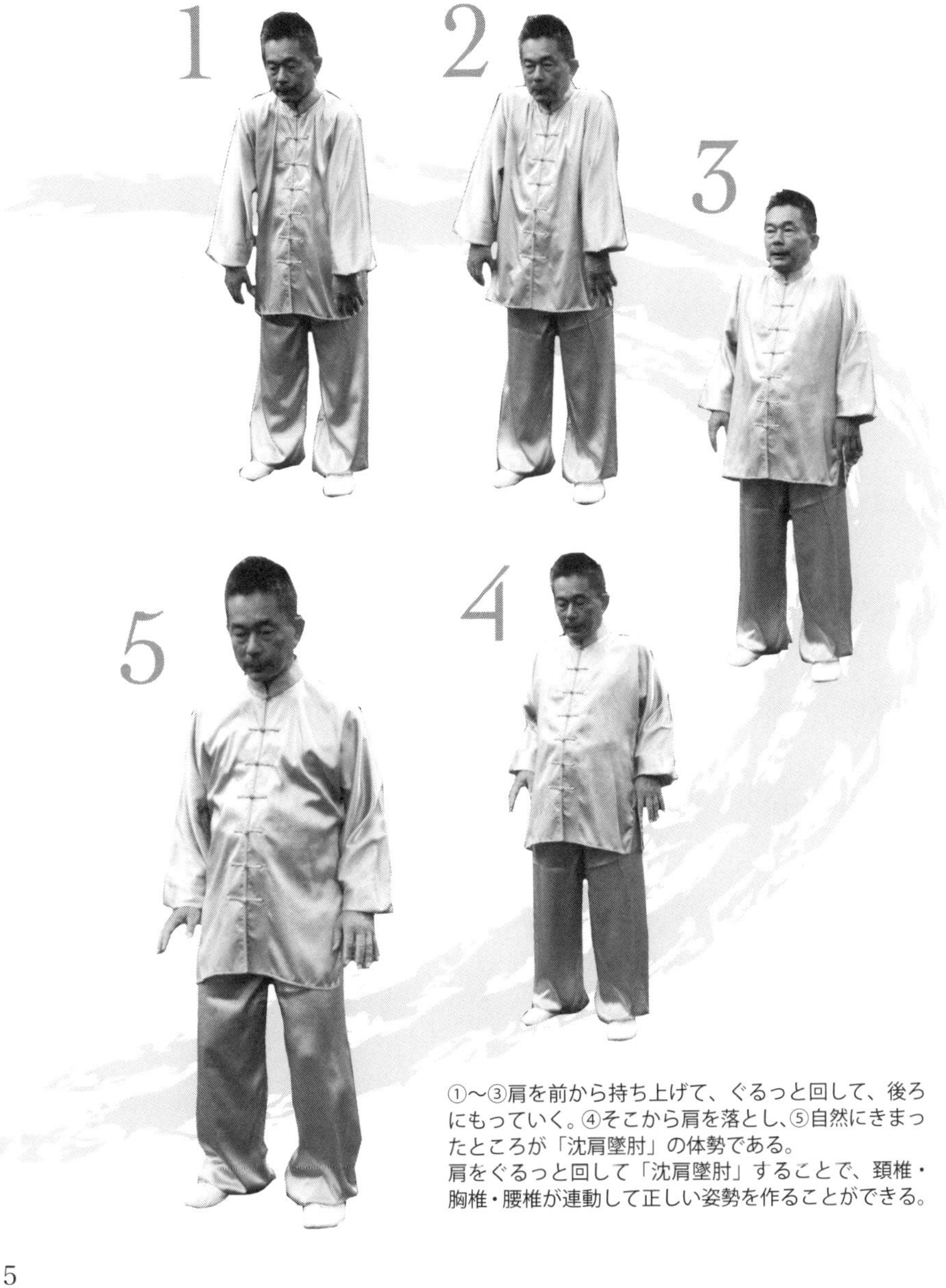

①〜③肩を前から持ち上げて、ぐるっと回して、後ろにもっていく。④そこから肩を落とし、⑤自然にきまったところが「沈肩墜肘」の体勢である。
肩をぐるっと回して「沈肩墜肘」することで、頚椎・胸椎・腰椎が連動して正しい姿勢を作ることができる。

「陰陽の腕」の効果

1. Aは先ほどと同じように、手をBにしっかり掴んでもらいます（下掲写真）。

2. AはBに両手を掴まれた状態で「陽の腕」を作ります（写真2）。注意する点は、まず両肩と両肘を沈めることです。この動作はBに気づかれることはありません。

3. それからAは、肩肘は忘れて掴まれた両手の先に注意を向けて、丁寧に「陽の腕」から「陰の腕」への動作を行います（写真3～4）。

さあ、どういう結果になったで

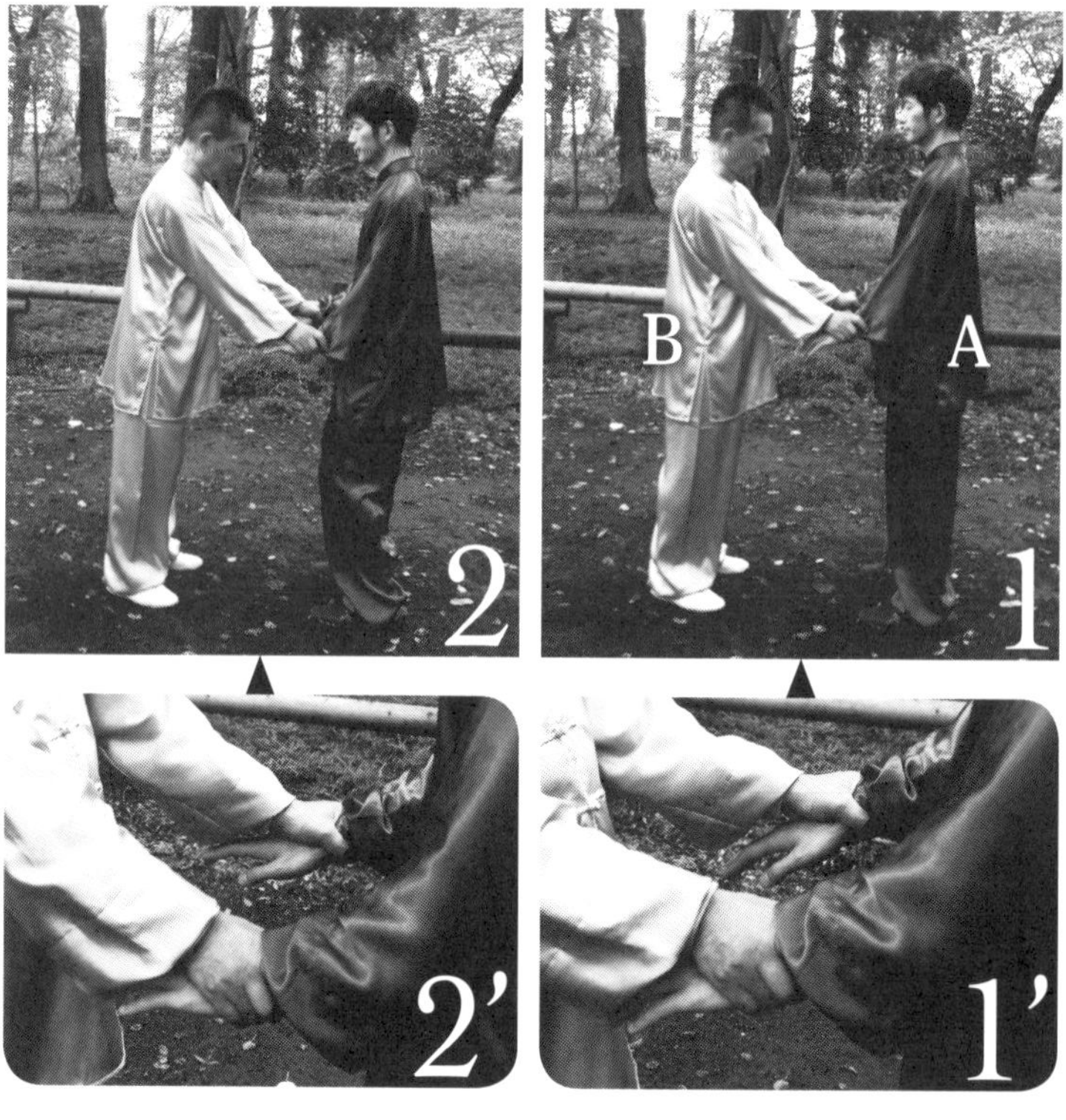

「起勢」の動きを用いて相手を崩す

しょうか。おそらくBはAの腕がとても「力強く」感じ、思わず後ろに動かされたのではないでしょうか。これが太極拳の「力（勁力）」です。

　もしかするとAは、Bに掴まれた腕を振りほどけなかったかもしれませんが、そんな結果になったのなら、Aは「陰陽の腕」のエクササイズをしばらく練習する必要があるでしょう。ただ、これは決して勝ち負けを争うことではありません。正しい太極拳の動作の技術を身に付けるための「遊び」ですから、決して深刻にならないでください。

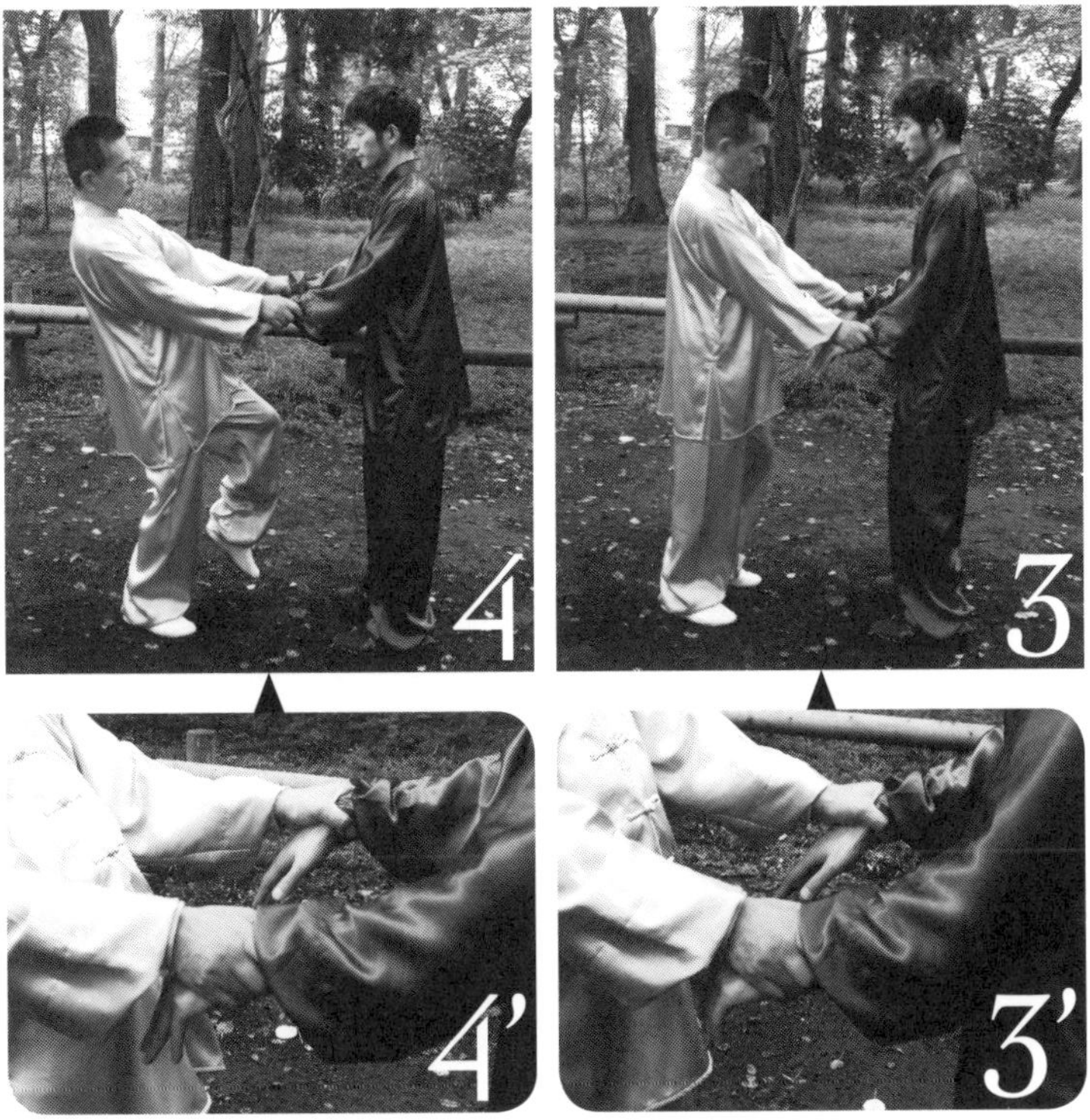

①自然な腕の状態から、②「陽の腕」にしているが、一連の動作の中では、相手はこの動きに気づかない。③続いて「陰の腕」にしながら、④腕を前に出すと、相手は崩される。腕を持たれると、大体、持たれた腕を引こうとするが、そうではなく、持たれた手首から先に注意を向けて「陽の腕」から「陰の腕」に丁寧に変化させることが大切である。
①'〜④'は、それぞれ①〜④の手元のアップ。

第2章 天の中心軸が基準

一陰一陽これ太極なり

「簡化24式太極拳は3か月あれば習得できるよ。あとは一生楽しめる」と初めての太極拳の先生であるN老師に勧められ、私は、太極拳の世界に足を踏み入れました。それが今から39年前です。簡化太極拳を全部習得するまでは、週に3日はN老師から個人指導で教わりました。今思い出せば幸運な日々でした。

しかし、私は見事に騙されました。確かに3か月で形《かたち》は習得しましたが、それ以降、長い悪戦苦闘が始まったのです。年を経るほどに理解が深まっていくため、そういう意味で確かに一生楽しめるのかもしれません。

「簡化太極拳」のそれぞれの動作は、形を真似するだけならそれほど難しくありません。しかし、それだけでは健康体操であっても、本当の太極拳（武術）ではありません。「えっ、何を言うんですか!?『簡化太極拳』は制定拳であって、本来武術ではないでしょう」と反論する人もいるかもしれません。しかし、練習を継続し、それぞれの動作の意味を学習していけば、制定拳とか伝統拳といった区分けなど意味がなくなってくるのです。

「一陰一陽これ太極なり」と昔から教えられています。太極拳の動作とはどんな動作なのかというと、「一つの陰」と「一つの陽」が合わさっているというのです。その状態が「太極」であると。太極拳は「太極の拳法」なのです。

「陰陽の腕」とは

さて、前章で「一手」教えましょうと「陰陽の腕」のエクササイズを紹介しましたが、今回はその「陰陽の腕」について「手の内」を明かしましょう。

両手を地面に向けた手の形は一般には「陰掌」と呼びます。そしてその手の形を「これが『陽の腕』です」と説明しました。どうしてそんな紛らわしい名前を作らなければいけなかったのか、説明をしていきましょう。

私が命名した「陽の腕」とは、何かを「押さえる」ように手のひらを反らせる腕のことなのです。ですから、両手が「地」に向いていても「天」に向いていても周囲に広げても「陽の腕」です。

「陽の腕」の働きは「押さえる（push）」ことです。

では「陰の腕」とはどんな働きの腕のことなのでしょうか？

「陰の腕」の働きは「抱える（Hold）」ことです。

両腕が下にあっても上にあっても前にあっても、球を抱えるような腕の形が「陰の腕」です。つまり、「陰陽の腕」というのは手のひらの方向ではなく、「腕の働き」に与えた名称なのです。

さらに本質を理解するためには、「天の中心軸」という概念を用いて理解する必要があります。

まず自分の目と鼻の先にある垂直軸、「天の中心軸」、これが最も大切な「基準」になります。頭頂から会陰までを垂直につなぐラインを、私は「地の中心軸」と呼んでいます。もちろんこの軸も大切な意味を持っていますが、この軸で体を動かそうとすれば、その動作は太極拳の正しい動作ではなくなってしまいます。

陰陽の腕の働き

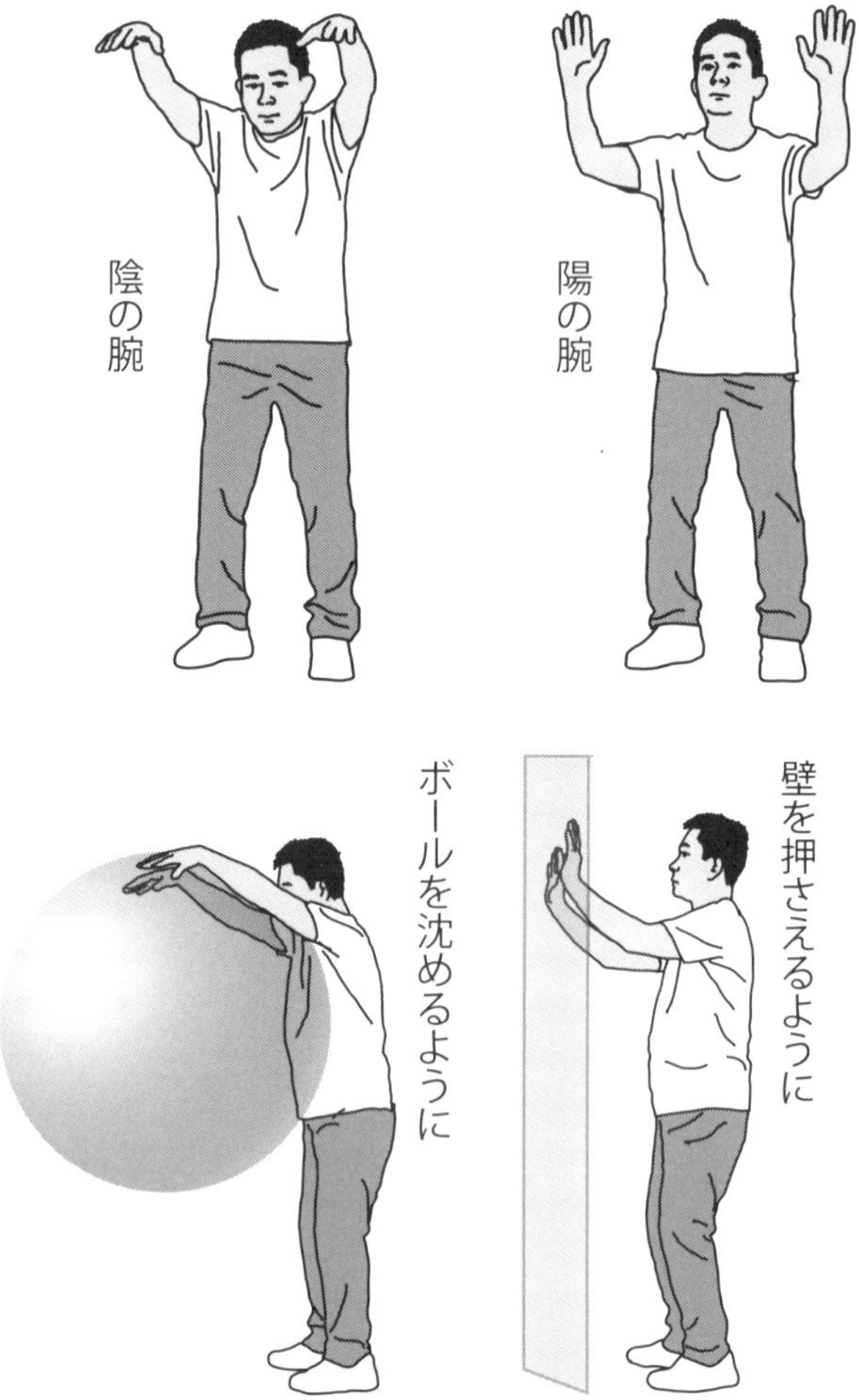

手の位置がどこにあっても、また手の向きがどちらに向いていようとも、押さえるような腕の形は「陽の腕」で、抱えるような腕の形は「陰の腕」である。ここで示している「陽の腕」「陰の腕」を作る場合、それぞれ「壁を押さえるような」イメージ、「ボールを沈めるように抱える」イメージを持って行うと、陰陽の腕の働きを理解しやすい。

「天の中心軸」を意識して陰陽の腕を作る

1. あなたの目と鼻の先にある垂直な軸をイメージします。天の中心軸をしっかり意識して、両足を肩幅に開いて立ちましょう。

2. それから両手を胸の前で「合掌」の形にして、両膝を曲げて立ってみてください。この姿勢は「童子拝仏」という中国の「伝統気功」の形です。この天の中心軸を押さえるような手の形は「陽の腕」です（左掲イラスト1）。

3．次に両手を站桩功（抱球桩）の形にしてみましょう。こうして「天の中心軸」を抱えるようにした腕が「陰の腕」なのです（イラスト2）。

この「陰陽の腕」は様々な形に変化します。さて、今回は、両手を頭上に上げてバンザイした形にします。この腕も「陽の腕」です。この形は一般には「陽掌」と呼ばれる手の形です。さあ、その腕の状態からボールを抱えるような腕にします。この腕は「陰の腕」です。一般には「陰掌」と呼ばれます。

両手を上げた状態の時は、第1章で説明した腕を下げた時とは違い、「陰掌」「陽掌」という呼び方と

「天の中心軸」を意識して陰陽の腕を作る

童子拝仏

站桩功（抱球桩）

矛盾することがありません。大切なのは、手のひらが「天」に向こうが「地」に向こうが、そんなことよりも、腕の働きなのです。

「陽の腕」の時は両肘と両肩が沈み込み、姿勢の注意点の「沈肩墜肘」の要求通りになっています。胸は「含胸抜背《がんきょうばつぱい》」の姿勢になっています。しかしそれに対して、「陰の腕」にする時は両肩と両肘は「沈肩墜肘」に従いません。両手の下に、ビーチボールのような球体を抱えた状態になっています。

さあ、この動作を見て何か気づいた人はいませんか？　スポーツの動作にも、このような「陰の腕」と「陽の腕」があるということに気づきませんか？　そう、バスケットやバレーボールの「パス」や「トス」の動作に似ていますね。サッカーなら「スローイン」でしょう。太極拳の「陰の腕」と「陽の腕」は太極拳独特の動作ではなく、なんと各種スポーツにも共通なのです。

「陰陽の腕」で発勁する

1．両腕を額の高さに持ち上げ、ゆっくり息を吐きながら「陽の腕」を作ります（左ページ写真1～2）。

2．次に、ゆっくり息を吸いながら「陰の腕」を作ります（写真3～5）。

3．以上をゆっくり何度も繰り返す。

まるで宗教的な祈りの儀式にも似たこの動作は、武術的な技として利用できます。では二人で練習してみましょう。

「陰陽の腕」のエクササイズ ―その２―

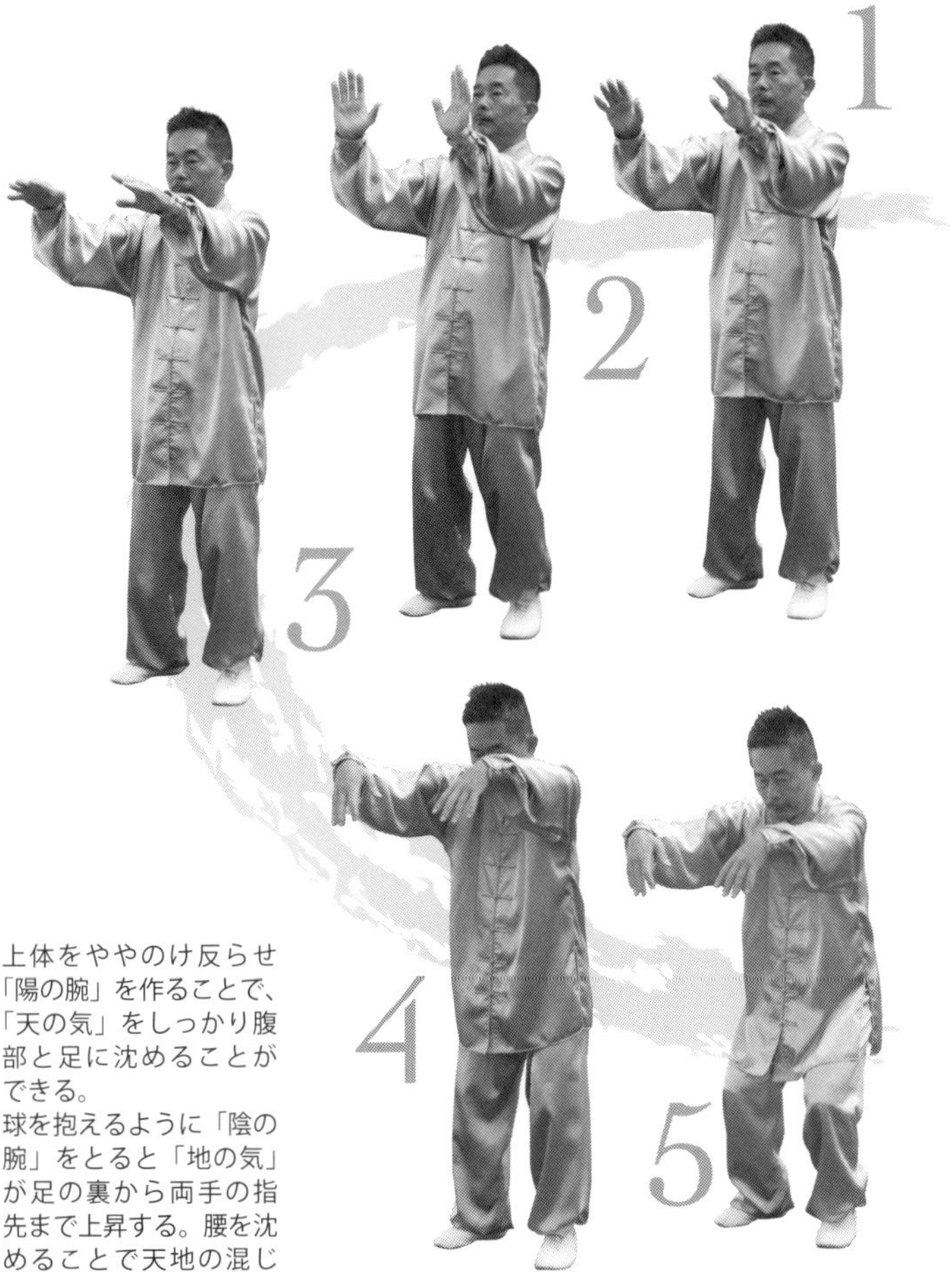

上体をややのけ反らせ「陽の腕」を作ることで、「天の気」をしっかり腹部と足に沈めることができる。
球を抱えるように「陰の腕」をとると「地の気」が足の裏から両手の指先まで上昇する。腰を沈めることで天地の混じり合った「混元の気」が臍下丹田に収まる。

※「その１」は第１章参照

1. Aは両手を頭上に上げ、バンザイした形で立ちます。

2. BはAの腕をしっかり掴みます（左掲写真1）。

3. Aはまず、そのままの腕で、力を込めて両腕を下に下げようとしてください（写真2）。

腕の力で崩そうとしても…

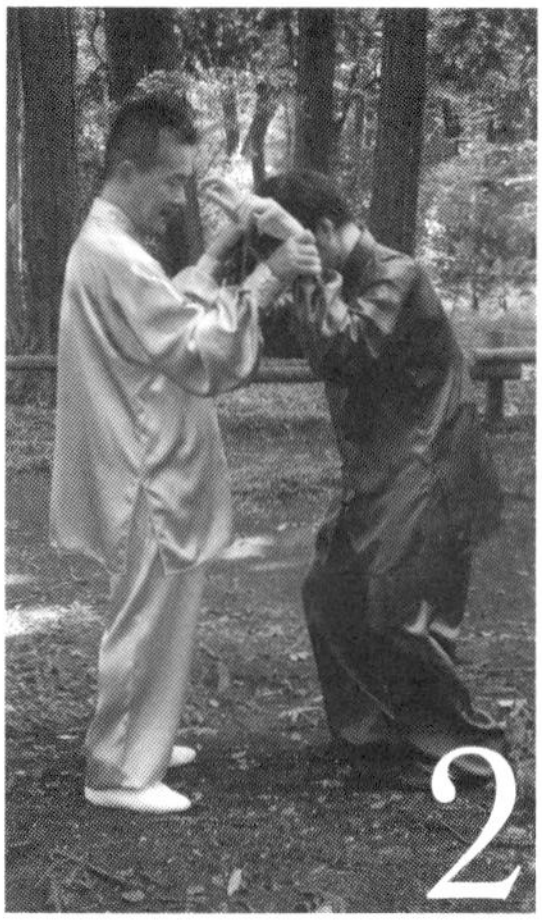

腕を上げた状態で両腕を掴まれると、まだ技がわからない段階では、肘を曲げて、掴まれた場所から相手を下に押し込もうとする場合が多い。これでは、相手に押さえられて、動きを止められてしまう。

さあ、Aは両腕を下げることができたでしょうか？　決して勢いをつけたり振りほどこうとしたりしないでください。これはあくまで練習です。

さてまた、AはBに同じように両腕をしっかり掴んでもらいます（左ページ写真3）。

1. Aは両腕を陽の腕にします。「陽の腕」にする時は「フー」と息を吐きながら両手首をやや反らせ、両肘と両肩を沈める姿勢になります。胸も「含胸抜背」の姿勢になります（左ページ写真4）。

２．それからＡはゆっくりと息を吸いながら、両腕を「陰の腕」にしていきます（写真５）。

さあ、どんな結果になったでしょうか？　おそらく、Ｂは不思議なくらい力強い力で地に押し下げられたのではないでしょうか（左掲写真６）。Ａはそれほど自覚がなく太極拳的な「発勁」をして、Ｂを地面に押し沈める結果になったのです。この違いをしっかり体の感覚で掴んでいってください。

「陰陽の腕」を用いて崩す

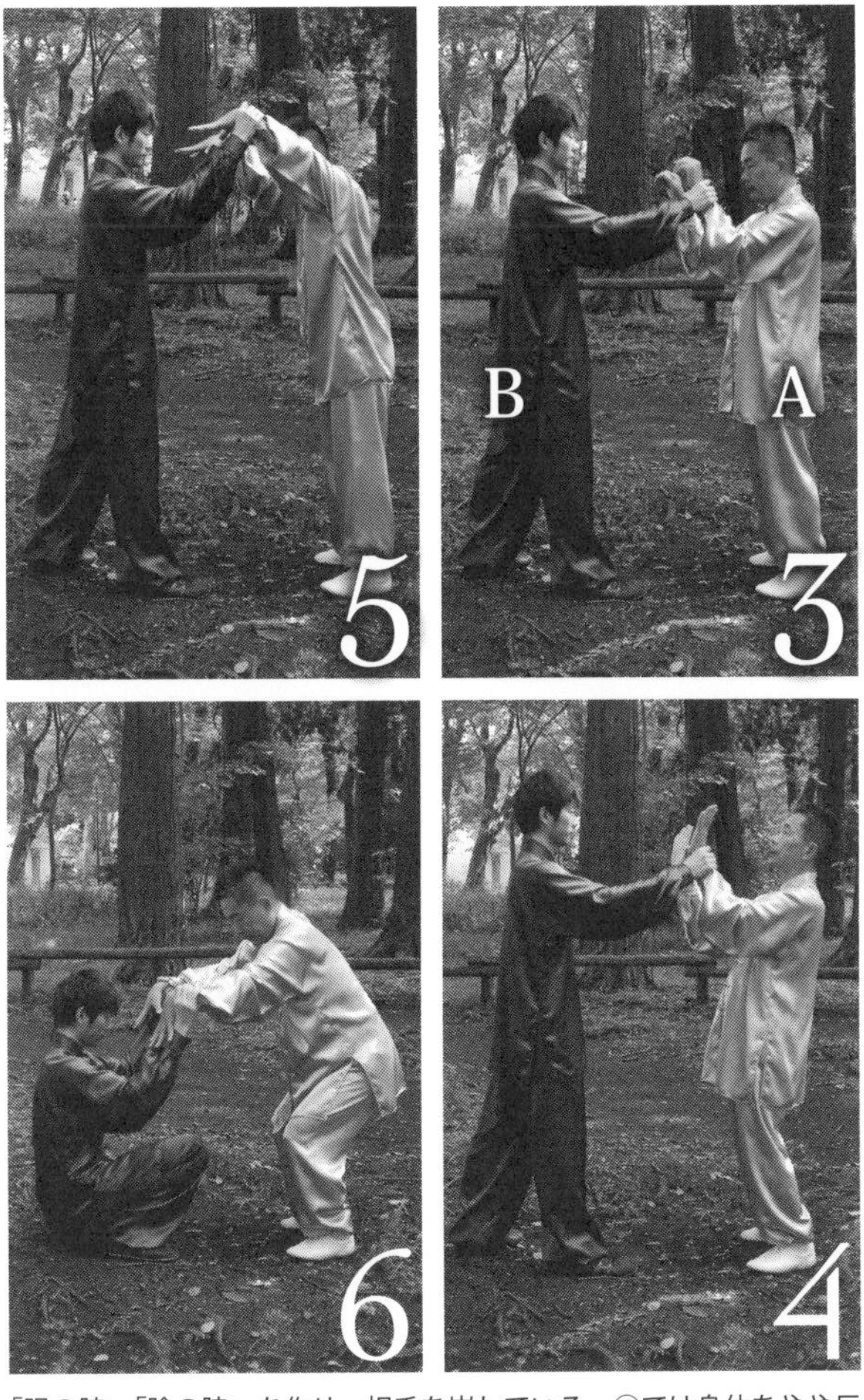

「陽の腕」「陰の腕」を作り、相手を崩している。④では身体をやや反らせ、膝を緩めると同時に「陽の腕」を作る。⑤そこから身体と腕を上げるようにしながら「陰の腕」を作り、⑥腕と身体を下に沈めていく。すると、相手は地に押しつけられるように崩される。

「起勢」に応用

「起勢《きせい》（チーシー）」は、両腕を肩の高さに持ち上げ、腹部に沈める動作です。「起勢」はほぼすべての太極拳套路で第一式に行われます。「起勢」こそは、すべての太極拳動作の基本であり、武術的技術の「種」なのです。

一般には、体側に垂らした両腕は「陰の腕」の状態で肩の高さまで上げ、「陽の腕」の形で腹部まで下ろすように行われているはずです。もちろん形はそれで合っていますが、第1章で紹介したように、相手に両腕を掴まれた状態では持ち上げることができません。

まず両腕を上げる前に、「陽の腕」を作る必要があります。形は自分が意識できればいいので、あまり大きく形をとる必要はありません（左ページ写真1〜3）。上級者の動作にこの部分が見えないのはそういうわけです。それから、これまであなたが練習してきたように「陰の腕」で肩の高さまで、持ち上げていきます（写真4）。次に「陽の腕」にしながら両腕を沈め（写真5〜6）、それから両膝を曲げ腰を沈めていきます（写真7〜8）。この時、先ほど練習したような「陽の腕」から「陰の腕」に変化する動作が潜在しています。

動作の完成した形を「定式」と呼びます。その時の両腕は「陽」でも「陰」でもない「中の腕」と呼ぶことができます。手首から先がすっと伸びた腕です。

これはほんの少しの変化ですが、対人の技に用いる場合、天と地ほどの違いがあるのです。この動作は何度も繰り返すことができます。この一つの動作を繰り返し練習すると、それは「太極気功」と呼ぶことができます。10回20回と練習してみてください。それを毎日繰り返せば、あなたは効果的に

起勢

「功夫《カンフー》」を体得することができるでしょう。

①足を肩幅に開き、②手のひらを後ろに向け、③膝を少しゆるめ、「陽の腕」を作る。④そこから、肩の高さまで腕を上げていきながら、「陰の腕」を作る。⑤手を真っ直ぐなニュートラルな状態にしてから、⑥もう一度「陽の腕」を作る。⑦そこから、軽い物を水に沈めるようなイメージでゆっくり腕を下ろしていき、⑧へその高さまで下ろして止める。

第3章 独楽の威力

太極拳は独楽

太極拳は「独楽《こま》」にたとえられます。そう、クルクル回るコマです。私の子供の頃はお正月によく独楽を回したり、凧揚げをして遊んだものです。さて「太極拳は独楽」という言葉、あなたはどう理解するでしょうか？　この言葉は古《いにしえ》の老師が現代の太極拳の修業者のために残した、含蓄のある考案（禅の師家〈師匠〉が弟子に与える、答えを見出すのが難しい質問）ではないかと私は思います。

勢いよく回っているために止まっているように見える独楽に小石を投げつければ、小石は跳ね飛ばされます。同様に、太極拳の「勁力」を体得した人は、敵意を持って攻撃する人を、身構えることなく、ほとんど直立した状態で跳ね飛ばしてしまいます。それが独楽に似ているということなのでしょう。しかし太極拳はゆっくり動き、独楽のように回転することはありません。では、その太極拳のどこが独楽のようなのでしょうか？

そうです、独楽には中心に一本、軸がありますが、勢いよく回る独楽の軸は垂直な状態を維持しています。「太極拳は独楽」とは、この軸に関する教えではないかと、まず推測することができるでしょう。物体を回転させると中心に軸が生じるのです。

目と鼻の先にある「天の中心軸」

地球にも地軸があるように、人体にも軸があります。太極拳の姿勢の注意点の一番目に「虚領頂頸《きょれいちょうけい》」

という教えがあります。頭頂の「百会《ひゃくえ》」が天から吊られているようにして、頭頂から「会陰《えいん》」までを垂直にして体の中に一本の軸があるように立つ、とよく教えられます。

「そうか、独楽の軸とはこの中心軸のことなんだな」と考えて、この軸を中心にして体を回すことが太極拳の教えなのかと早合点してしまうとすれば、それは練習に大きな障害になります。その理解ではどんなに練習しても太極拳の正しい動作、そして勁力は理解できません。

頭頂の「百会」と骨盤底の「会陰」をつなぐ軸を、私は「地の中心軸」と名付けました。それはもちろん正しく立つために必要な軸です。しかし、これを軸にして体を回すのではありません。ではどこに軸があるのか？

そうです、あなたの「目と鼻の先」に天と地をつなぐようにして「天の中心軸」があります。両手を胸の前で合わせると、あなたは「天の中心軸」を手中に収めることができます。

「天の中心軸」の体重移動

太極拳の一連の動作には規則正しく2種類の体重移動が含まれています。まず一つ目は「天の中心軸」による体重移動です。この実践法を行う時、便宜上あなたは南を向いて立ちましょう。といっても、方位磁石で方角を調べる必要はありません。あなたが向いた方向を南とすればいいのです。これはダンサーや体操選手が無意識に行うことです。こうして自分の「立ち位置」をしっかり把握しなければ、套路の動作を正しく理解することも、表現することも難しくなるのです。

それでは「独楽のエクササイズ1」を紹介しましょう。

1．足は肩幅よりもやや広めで、中腰の姿勢で立ち、両手は「陽の腕」で天の中心軸を押さえます（左ページイラスト1）。

2．軸を中心に弧を描いて上体を左斜め方向に動かします。つまり南東45度くらいの方角に向くのです。この時、体重は右足に乗り、左手は「陽の腕」、右手は「陰の腕」を作ります（イラスト2）。

3．元の状態に戻し、上体を南に向けます。両手は元のように「陽の腕」になります。

4．今度は体重を左足に乗せ、上体を南西45度の方向に回し、左手は「陰の腕」、右手は「陽の腕」にします（イラスト3）。

5．また元の状態に戻し、この移動を繰り返します。

この実践法では、「虚実」という概念を理解する必要があります。体重が交互に片足に乗りますが、右足に体重が乗ると、右の足は「実の足」と呼ばれます。すると左足は「虚の足」です。虚とは「うそ」ではなく「軽い」という意味で、体重を乗せない足をいいます。右足が「実」の時は左手が「実」になります。実の手は天の中心軸を「押さえ」て「陽の腕」になっています。そして、右手は天の中心軸を「抱え」て「陰の腕」になっています。この関係をしっかり理解してください。こうして体重移動をすることで全身は軽快に、しかも力強く動くことができるようになります。この体重移動は「武術的」威力を秘めています。

独楽のエクササイズ１

両手は合掌して「天の中心軸」を支えた状態での体重移動。大切なのは、動かない「天の中心軸」をイメージして体を動かすこと。まるでパントマイムのようだが、この体重移動の練習で、手足の有機的なつながりを体得することができる。

独楽の秘義

では、この理解を二人練習で試してみましょう。まずいつものように、友人に両手を持ってもらい、その手を振りほどこうとしてみてください。

1. A（あなた）は、南に向いて立ち、B（友人）に両手をしっかり掴んでもらいます（左掲写真1）。

2. まずその手を振りほどこうとしてみましょう。おそらくよほど力の強い人でない限り、振りほどくことはできないでしょう（写真2）。これは勝ち負けではないので、むきになる必要はありません。

手を振りほどこうとしても…

掴まれた部分に力を入れて手を振りほどこうとしても、よほど筋力に差がない限り押さえ込まれてしまう。

3. 次に、A（あなた）はB（友人）に両手を掴んでもらい（写真3）、左足に体重を移し、「実の足」にします。右手を「陽の腕」にして天の中心軸を押さえます。同時に左手は「陰の腕」にして軸を抱えるようにします。上体は南西45度のほうに向けます。相手の腕を振りほどこうと思わないで、軸を押さえ抱えることだけを心掛けます（写真4～6）。

太極拳の体重移動で崩す

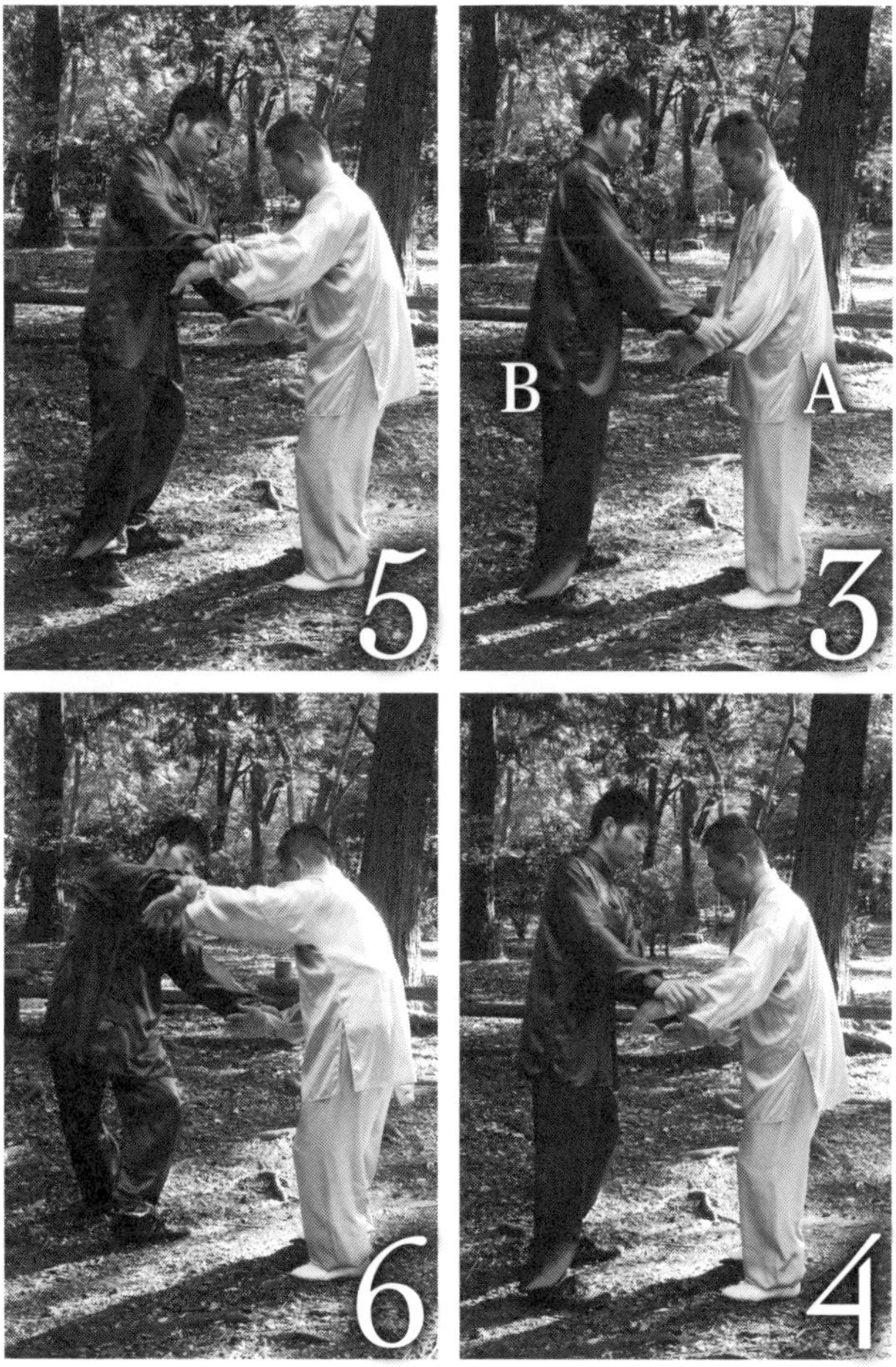

34 ページから紹介した「独楽のエクササイズ 1」の要領で、④左足に体重を移し、左手は「陰の腕」、右手は「陽の腕」を作る。⑤そのまま、上体を右前 45 度の方向に向けていくと、⑥相手を崩すことができる。この時のポイントは、自分の目の前にある「天の中心軸」を右手で押さえ左手で抱えるイメージを持って行うこと。

さあ、どうなったでしょうか？　友人は強い力を感じて大きく南西の方向に動かされたのではないでしょうか。これが太極拳動作全体に働く大切な「体重移動」です。しかし、この体重移動だけでは、太極拳動作を理解することはできません。「天の中心軸」を軸にした体重移動だけでは、太極拳套路の各動作に応用できませんので、もう一つの体重移動が必要です。「天の中心軸」を動かさなくてはいけないのです。

「陰陽の柱」の体重移動

それでは「独楽のエクササイズ2」を紹介しましょう。

1. 南を向いて、天の中心軸を両手で挟んで、両膝をわずかに曲げて立ちます（左ページイラスト1）。

2. 天の中心軸を南西方向、つまり自分の右足の内側に引き寄せ、体重は右足に乗せます。このように右足のそばまで天の中心軸を動かすと、その軸は「陰の柱」と名前を変えます（イラスト2）。

3. その状態からさらに、天の中心軸を右足のやや外側まで動かします。この時、右脚の鼠蹊部にしっかりシワができているのを確認します（イラスト3）。

4. 次に、右足を軸に上体を回し、南東方向に向けます（イラスト4〜5）。「陰の柱」は移動して、また天の中心軸に戻ります。

5. 体重を左足に移し、左脚の鼠蹊部にシワができるようにします（イラスト6）。こうして左足のそばに移動するとこの軸は「陽の柱」になるのです。

独楽のエクササイズ２

このエクササイズでは「天の中心軸」を動かす。右の足元に動かすと「天の中心軸」は「陰の柱」と名前が変わり、左の足元まで動かすと「陽の柱」になる。この体重移動は、太極拳套路のすべての動作に含まれている。

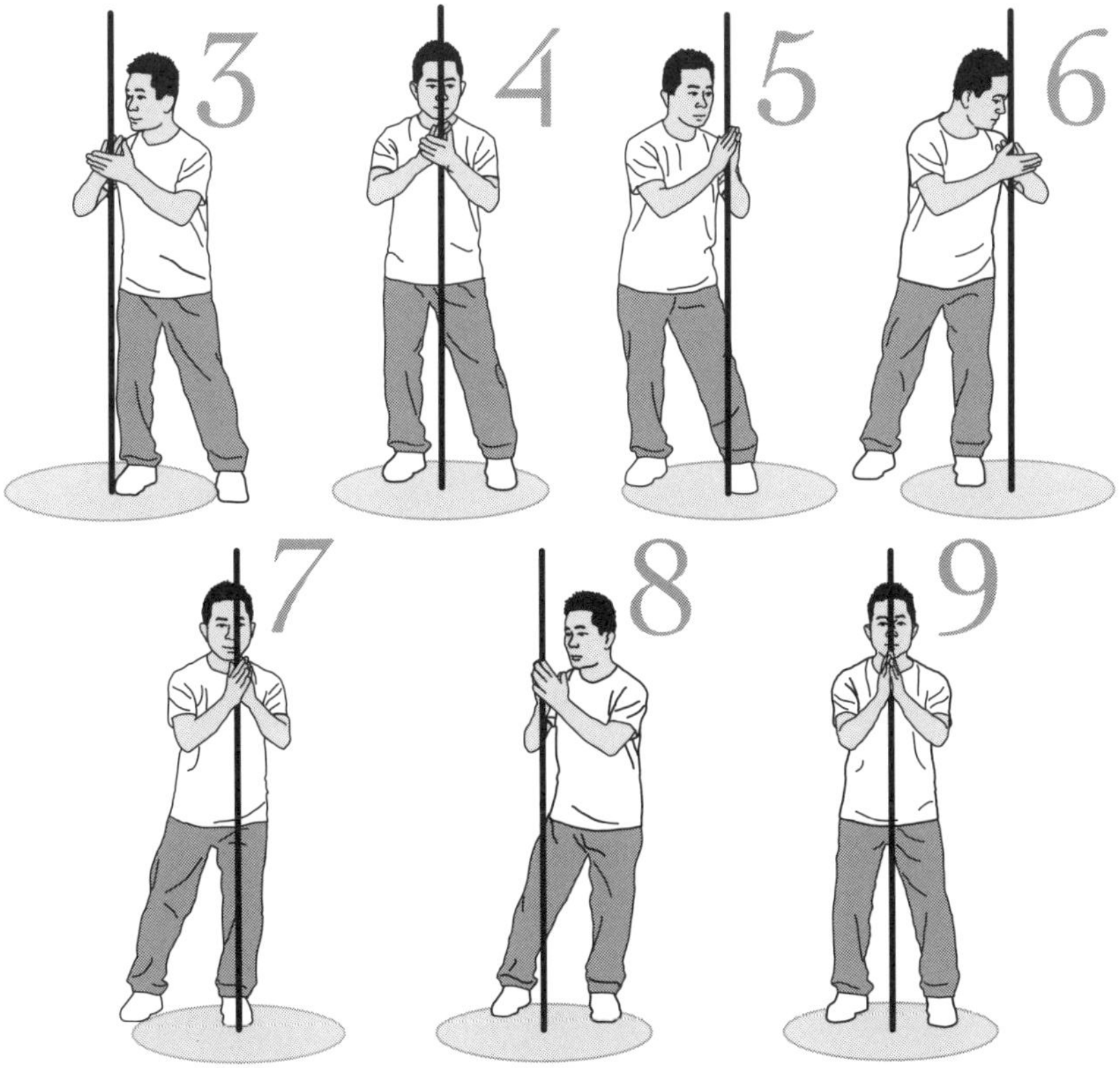

6．それから、左足を軸に上体を回し、南西方向に向けます。この部分も、天の中心軸の移動です（前ページイラスト7～8）。

7．最後に体重を両足の間に移し（イラスト9）、以上を何度も繰り返します。

この体重移動は「簡化24式太極拳」の套路の中に様々に形を変えながら繰り返されています。ですから「天の中心軸」の体重移動と「陰陽の柱」の体重移動のエクササイズをしっかり練習すれば、あなたが行ってきた太極拳の動作をおのずと見直すきっかけになるでしょう。

もしも、別の流派の太極拳や太極拳以外の武術を練習していて簡化太極拳の套路を知らない人は、YouTubeなどの映像で、動作を何度か見て覚えてください。私の著書『ＨＯＷ ＴＯ太極拳のすべて』にはイラストで全動作を詳解しています。

簡化太極拳の最初の関門「左右野馬分鬃」

最後に、簡化太極拳の第二式「左右野馬分鬃《さゆうのまぶんぞう》（ゾウヨウイェーマーフェンゾン）」の勢《せい》から「左野馬分鬃」だけを八コマの写真に収めてみました。それほど難易度は高くないように見えますね。いえいえ「左右野馬分鬃」は曲者です。

この一勢の中には、実に多くの武術的技術が収められています。単純そうに見える動作の中には、いくつ

左野馬分鬃

かの、練習者が誤りやすいポイントも含まれているのです。ただ形をそれらしく見せるだけなら難しくはないでしょうが、今回説明した「天の中心軸」と「陰陽の柱」の体重移動は、この「左野馬分鬃」の中にすべて応用することができます。この移動をしっかり取り入れるだけでも、少なからず練習が必要でしょう。

次章では「左野馬分鬃」を「天の中心軸」を用いて徹底分析していきましょう。

この動作は二つの部分に分かれている。球を抱くように両手を合わせる動作（①〜④）と、左足を進行方向に一歩踏み出して、両手を分け開く動作（⑤〜⑧）である。この動作の説明は次章で、「天の中心軸」と「陰陽の柱」を用いて詳しく行う。

第4章
「野馬分鬃」の威力

太極拳は回りくどい

「太極拳のように回りくどく言わないでください」という表現が中国語にはあると聞きます。確かに太極拳の動作の特徴は、右に行こうと思ったら、その前にいったん左を向きます。左に行く前には右に向きます。

一見すると、きょろきょろして、姿勢の定まらない、優柔不断な人の動作のようです。しかし、これは実は、とても重要な太極拳の技術なのです。

それは「左顧右盼《さこうべん》」と教えられます。一般には左顧右盼は、状況の読めない不慣れな場所で、右を見たり左を見たり、辺りをうかがっている様子と理解されていますが、太極拳で教えられる「左顧右盼」はそんな解釈では正しくありません。強力な勁力を作る方法なのです。

「左右野馬分鬃」の動作の中に、何度も「左顧右盼」が含まれています。このような動作は決して省略してはいけません。しっかり注意して練習したいものです（左顧右盼は、第5章でさらに深く解説します）。

野馬分鬃は難関

さあ、前章に引き続いて、左右野馬分鬃について理解していきましょう。この勢《せい》は簡化24式太極拳の第二式で、「起勢」の次に行う動作ですね。

「野馬」とは調教していない、鞍を乗せない裸馬です（英語では「Wild horse tale the mane」と訳されています。「ワイルドホース」といえば、そう、ウイスキーの名前ですね。もちろんお酒は関係ありません）。「分鬃」とは「たてがみを分ける」という意味で、つまり、両手を裸馬の首とたてがみに当てて、「分け開く（首を抱え、たてがみをなでる）」動作をいいます。

太極拳の各動作には、このようなイメージ豊かな名称がついています。しかし、馬を身近に見ることのない私たち現代人には、あまりピンとこないかもしれません。

「左右野馬分鬃」は動作そのものを写真や映像で見る限り、それほど難しく思えませんが、私が教室で太極拳を指導していて、この勢（動作）は太極拳を学ぼうとする初心者にとって、最初の難関ではないかとつくづく思います。

野馬分鬃

覧雀尾

「野馬分鬃」と「覧雀尾」の勢（動作）には似ている部分があるため、混同して練習してしまっている人がいる。「覧雀尾」は前に出ている手のひらを見ることができる腕の形になり、「野馬分鬃」は手の指先を前に向ける形になる。

……どう見ても「覧雀尾《らんじゃくび》（ランチャウェイ）」という動作との混同ではないかと疑ってしまう形を練習している人も多く見受けられます。「手鏡を見る」ような腕になってしまっているのです。つまり、前に出ている手のひらを見ることができるような形のことです。それはおそらく楊式太極拳などの第二式が「覧雀尾」になっているので、誤解が生じたのではないかと思われます。野馬分鬃の動作は、楊式太極拳（85式）の套路では第49式に出てきます。陳式太極拳や呉式太極拳などの野馬分鬃も套路の後半に出てきます。どちらも手鏡を見る形にはなっていません。

まず、多くの実践者が太極拳を長年練習しているにもかかわらず、「健康体操」のレベルを抜けきれない原因は、動作の練習に「武術的理解」を忘れているためではないかと私は感じています。

ゆっくり動けば、太極拳であるというわけではありません。太極拳の動作に隠れた「理」を追求していかなくてはいけません。その最も核心は、天の中心軸に対してどのように体が動いているのかということです。

さあ、それでは左野馬分鬃の勢を「天の中心軸」を用いて分析していきましょう。左野馬分鬃は「抱球動作」と「分け開く動作」に分かれます。

抱球動作は「合」、分け開く動作は「開」と理解することができます。左ページのイラスト（1～8）を見てください。

左野馬分鬃は「抱球動作」と「分け開く動作」に分けられる

「合」――抱球動作

1. 起勢の定式からです（前ページイラスト1）。定式とは動作の完成形です。それぞれの「勢」がどこで始まり、どこで終わるのかしっかり理解して練習するべきです。最初に動くのは右手です。右手が天の中心軸を「押さえよう」と胸の高さに上がってきます（イラスト2）。右手が主導で、左手はそれに合わせて動きます。この部分が「左顧」です。

2. 次にやや遅れて左手も天の中心軸を「抱えよう」と動きます。この時、左手は天の中心軸を動かしていますね（イラスト3）。左手が主導で、右手が微妙に動きます。この部分が「右盼」です。

気功で教えられる「抱球動作」とは、文字通り「球を抱くような動作」です。両手の中に見えないボールがあるように、右手が上になったり左手が上になったりを繰り返し練習する方法です（左ページイラストA）。

手のひらの中央に「労宮《ろうきゅう》（イラストB）」というツボがあります。左右の手のひらの「労宮」を向かい合わせて両手を動かしていると、両手の間がつながっているように感じ始め、何か、綿菓子のようなふわふわするものを転がしているように感じてきます。このようなトレーニングは「太極気功」と呼ぶことができます。

しかし、太極拳の抱球動作は、このように労宮と労宮を向かい合わせてはいけません。なぜかという

太極拳の「抱球動作」

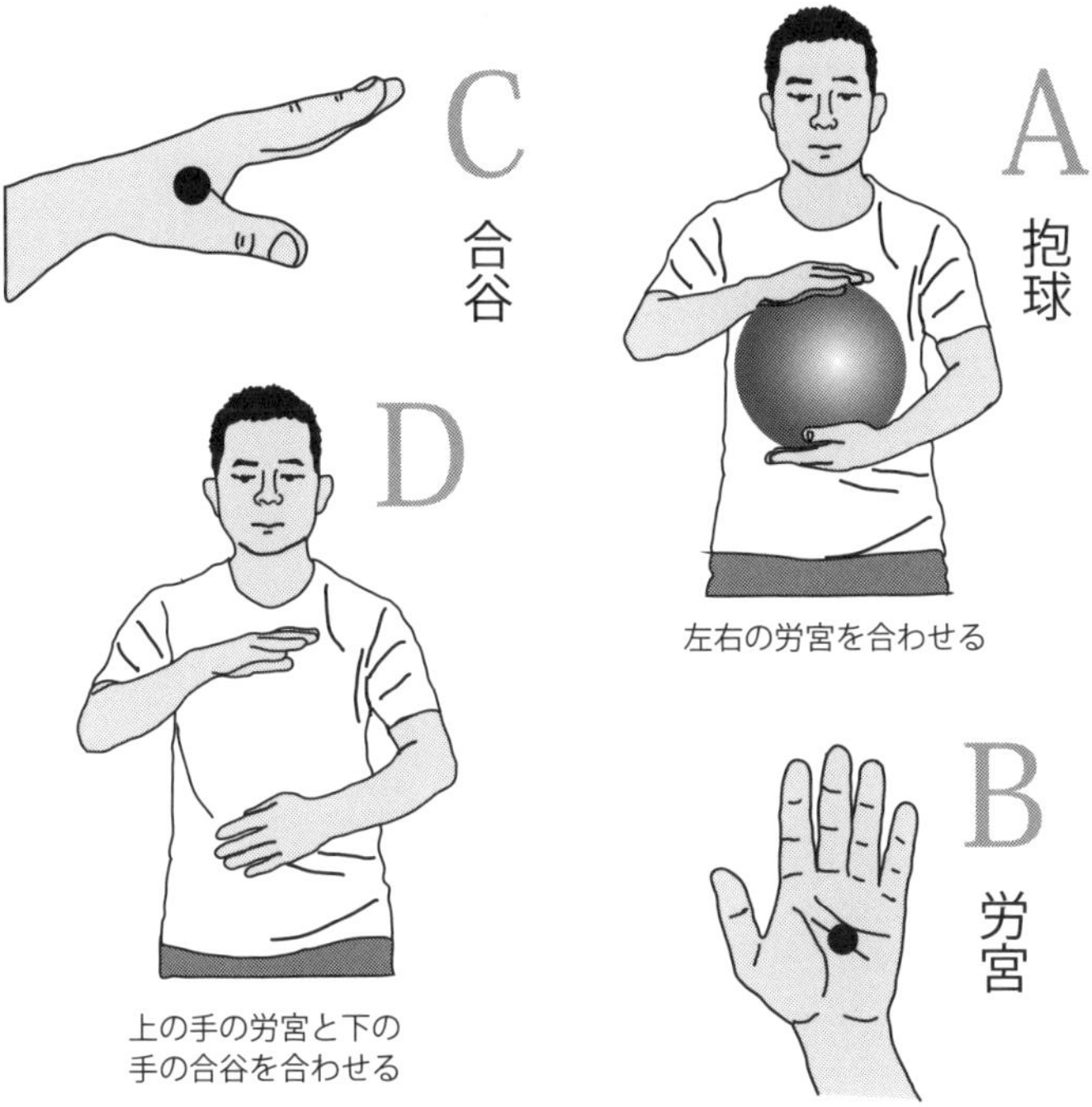

左右の労宮を合わせる

上の手の労宮と下の手の合谷を合わせる

と、下になる手に力がなくなるからです。

　ではどうすればいいか、というと、下の手は手のひらを上にするのではなく、親指と人差し指の間、「合谷《ごうこく》（上掲イラストC）」というツボが上の手の「労宮」に向かい合うようにするのです。つまり天の中心軸を両手で支えている形（イラストD）としたほうが正しいでしょう。

　別にどちらでもいいような些細なことのように思いますが、「武術」としての太極拳を学ぼうとする時は、この二つの形は天と地ほどの差があるのです。

　では試してみましょう。

実験1

一人でできる実験で、実際に試してみましょう。手のひらを上にして、みぞおちの辺りに置きます。その手を反対の手で「押し下げて」みましょう（左掲写真1）。すると意外に下になって支える手が弱いと感じるのではないでしょうか。

実験2

今度は、片手を「合谷」を上に向けて同じように反対側の手で「押さえて」みましょう（左掲写真2）。さあ、いかがですか？

先ほどよりも下の手がしっかり「支え」ているのがわかるでしょう。同じ手とは思えないくらいの違いではないですか。

手の向きによる支えの強さの違い

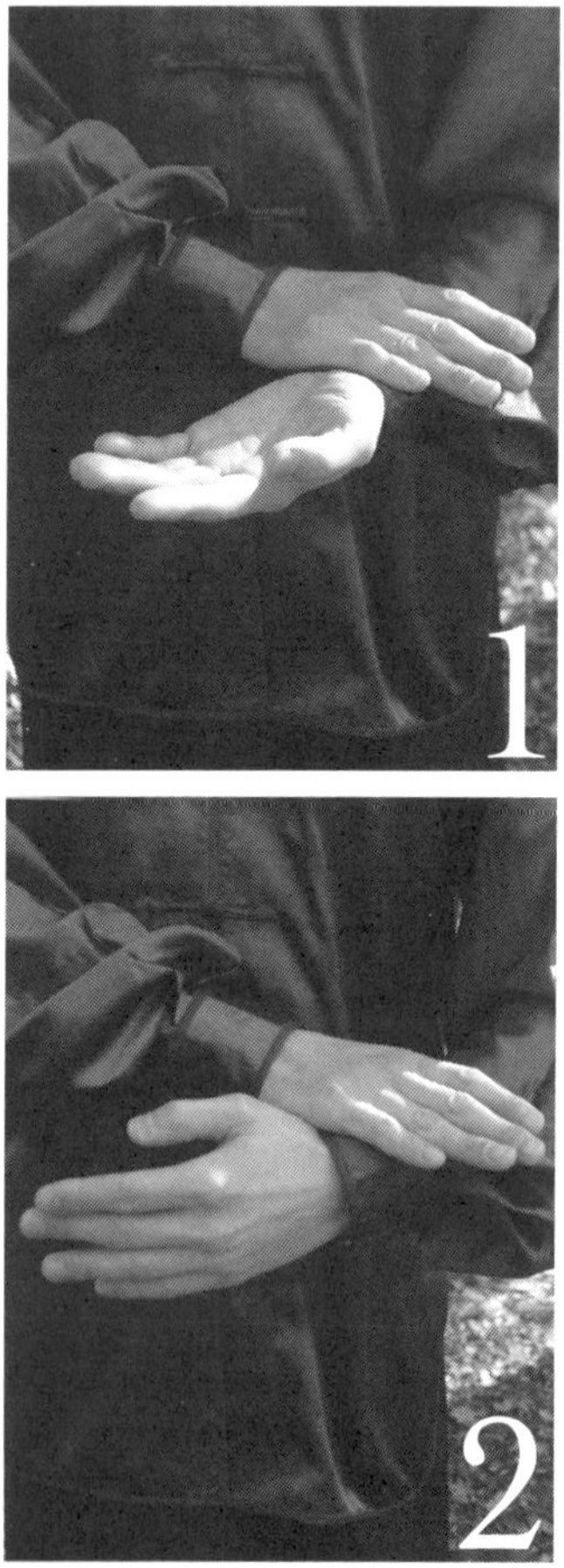

手のひらを上に向けた状態と、手のひらを自分の身体に向け合谷を上に向けた状態とで、それぞれその手を下に押し下げてみる。すると、手を支える強さに違いがあるのがわかる。

「分け開く」動作とは

「分け開く動作」は「抱球動作」で合わせた両手を開いていきます。この動作の誤りやすいポイントは、体重移動です。抱球して右足で立ったら、両手を「開」にするまで体重を左に移動しないで右足で待たなくてはいけません。右足のそばに陰の柱があります。

1．「抱球動作」を完成させた姿勢から、体重を右足にしっかり移動し、「天の中心軸」を右足のやや外側まで動かします。こうして、右足のそばに移動すると、「天の中心軸」は「陰の柱」と名前を変えます（47ページイラスト3～4）。

2．上体を東方向に回転させ、左手は柱から離し、右手で軸を押さえて進行方向に回転させます（イラスト5～6）。こうして、陰の柱を左足のそばまで移動させたら、この軸は「陽の柱」と呼び方を変えます。

3．それから、右足から左足に体重を移動していきます（イラスト7）。両手は陽の柱から離れています。この状態が「開」です。

4．最後に右足のかかとで地面を削り取るように動かし、形を完成させます（イラスト8）。

イラストで示した左野馬分鬃は「天の中心軸」で動く部分と「陰の柱」で動く部分、そして「陽の柱」で動く部分に分けることができます。この動作に慣れるまではやや難しいでしょうが、できるだけゆっくり慎重に練習してみましょう。この体重移動は、以下すべての動作に共通なのです。

「左野馬分鬃」の武術的意味

1. Aは南に向いて立ちます。Bは右手でAの右手を掴みます（左ページ写真1）。
2. Aは「左顧」して、右手の指先を東に向けます（写真2〜3）。
3. それから「右盼」しながらBの右手を掴みます（写真4〜5）。
4. Aは体重を右足に移し、上体を南東方向に回します。
5. 次に、左足をBの右足の後ろに踏み込み、左手をBの右脇から差し込みます（写真6）。
6. 左の腕はしっかりBに密着させ、体重を左足に乗せた腰を回し、肩で発勁します。これは「靠《カオ》（「八法」と呼ばれる八つの手法、掤・攌・擠・按・採・挒・肘・靠、の一つ）」です（写真7〜8）。

「左野馬分鬃」の武術的用法

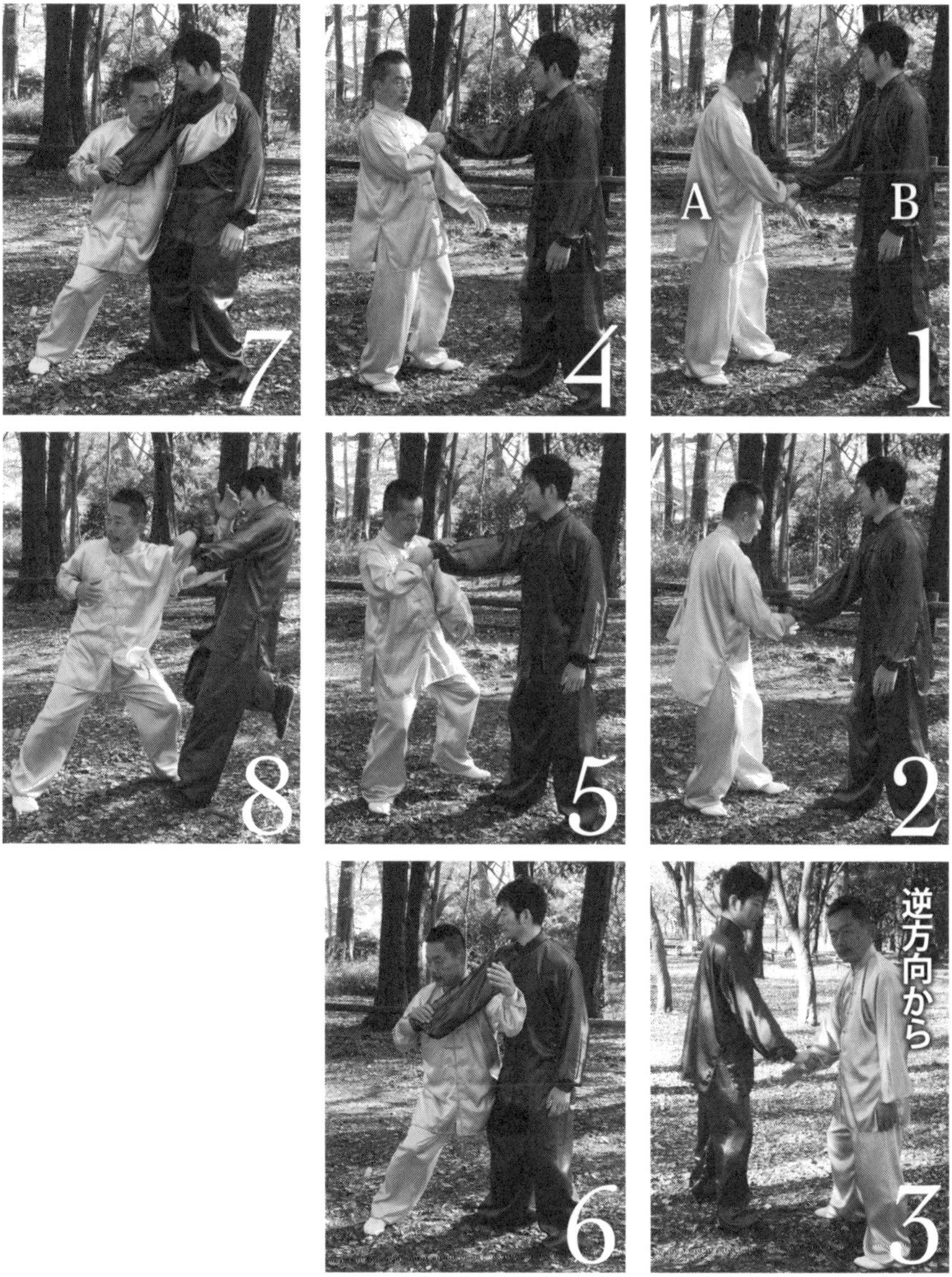

これまで野馬分鬃を練習していた人でも、47ページイラスト5・6・7の動作を「不思議」に感じるかもしれません。左野馬分鬃はこの動作がなければ、「武術的理解」は得られません。何度も繰り返して練習してみてください。

第5章 左顧右盼

左と右の違い

あなたは、不思議に思いませんか?

「なぜ左が2回で右が1回なの?」

簡化24式太極拳の套路では、「第一式　起勢」に続き、「第二式　左右野馬分鬃」は、1「左野馬分鬃」、2「右野馬分鬃」、3「左野馬分鬃」と、左が2回、右が1回行われます。「左」が2回なのに対して「右」は1回だけです。その答えを明かす前に、もう一つ質問です。

「あなたは、左野馬分鬃と右野馬分鬃は、どちらがやりやすいですか?」

さあ、いかがですか? 長い間太極拳を練習してきたあなたも、改めて考えてみてください。私は教室でよく、この質問を生徒にします。すると、ほぼ全員が「左野馬分鬃がやりやすい」と答えます。「右野馬分鬃は何かぎこちなくてしっくりこないんです」と、苦手意識を強調する生徒もいます。

それは単に個人的な癖による感想なのでしょうか?

いいえ、そうではないのです。太極拳の動作は左右対称にはできていません。左野馬分鬃と右野馬分鬃は左右を逆にしたものではありません。そうです、ほとんど全員が右野馬分鬃はやりにくいと感じているのです。しかし、その感想を言葉に出して指導者に質問する生徒は見かけません。

質問しないのは、自分の「練習不足」によるのだという「負い目」があるからなのでしょうか?

いいえ、「練習不足」によるものではありません。練習すればするほど右野馬分鬃のぎこちなさに気づいてくるのです。そしてそれは、厳しい言い方をすれば、大切な内容をまだ理解していない証拠と言うことができます。

兪老師に教わったこと

もう30年も前のことです。私たちは、上海出身の兪棟梁《ゆとうりょう》老師から太極拳を学んでいました。老師といっても、私より2歳若く、私たち全員、若者でした。私たちは老師を「兪さん」と呼んでいました。

ある日、4~5名ほどのいつものメンバーが、いつものように代々木公園の森の中で練習をしている時、兪さんは、私たちに不思議なことを教えてくれました。

「左ニ向イテ、ソレカラ右ニ向イテ」と言いながら、兪さんは何度か、上体を左に向けたり、右に向けたりしました。左に向く時は両手のひらを前方に向け、右に向く時は、その手のひらを返して両手の甲を前方に向けました（次ページイラストA・B）。

「ホラ、左ヲ向クト体ガ弛ムデショウ、右ヲ向クト締マルデショウ？」と、意味不明なことを教えてくれました。私たちはそれを聞いて、その通りにやってみたのですが、その意味するところをはっきりとは理解することができませんでした。

ただ、私は、「ああそうか、右に回せば締まる、左に回せば弛む。なるほど、ネジの法則なんだな」と、一人でわかった気になっていました。しかし、当時はそれほどピンときたわけではありませんでした。

兪老師は理論的には説明してくれませんでしたが、太極拳の教えでは、そのことは「左顧右盼《さこうべん》」という言葉で教えられている大変重要なことだったのです。

兪老師に教わった動作

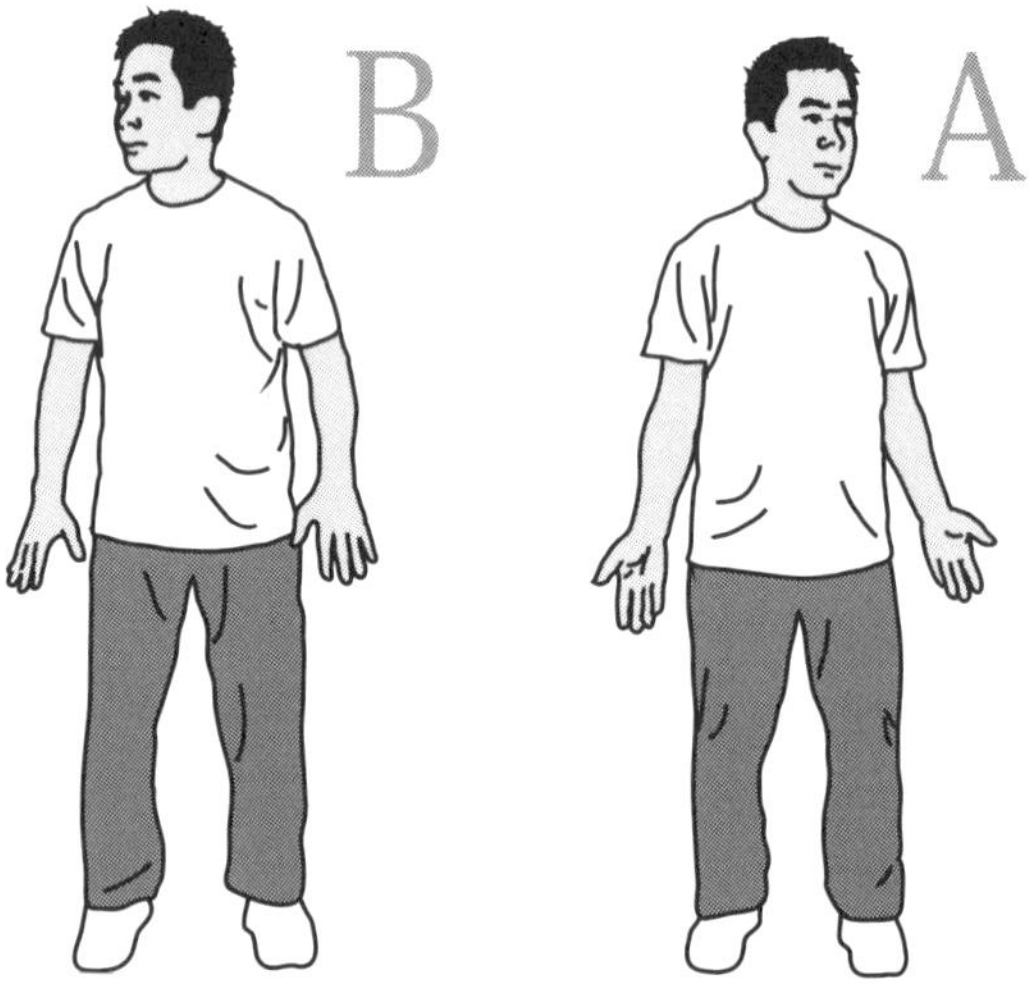

30年ほど前、兪棟梁老師から「左を向くと体が弛んで、右を向くと締まるでしょう？」と言われた。その時はその意味をはっきりと理解できなかったが、「右に回せば締まり、左に回せば弛む。ネジの法則と一緒だな」と理解した。

……それからもう長い時間が経過しましたが、私はその時のことを忘れることはなく、しつこく考え続けました。そしてその意味がわかったのはずっと後になってからでした。

もちろん自然な状態では、左を向いて体が弛み、右を向いて体が締まることはありません。つまりそのような動作を理解し、その法則通りに体が動くようにトレーニングしなければいけないのです。

まず最初は「前後の体重移動」

「左顧右盼」といえば、一般には「右往左往すること。不慣れな場所で右を見たり左を見たりして周りの状況をうかがうこと」という意味でしょう。しかし、太極拳を学ぶ人はそのような理解では不足です。では、「左顧右盼」を練習してみましょう。

しかし「左顧右盼」を行うためには、その前に「前後の体重移動」を理解しておかなくてはいけません。左顧右盼には前後の揺れ（体重移動）が含まれているのです。

さらに、このような体重移動は、頭が天からぶら下がっているようにする立ち方が要求されます。私は「スカイフックの立ち方」と呼んでいます（書籍『太極拳のヒミツ』で詳説）。頭部は固定され、首から下がぶら下がっているように立つのです。自分自身がマリオネットになったように感じて立ってみましょう。尾骨には重りがあって、ぶら下がっているように感じてみましょう。

つまり、「左顧右盼」を理解するためには、第一段階「スカイフックでぶら下がる」。第二段階「前後に揺れる」。第三段階「左に向き、右に向き、それを繰り返す」。これが「左顧右盼」です。

【第一段階】

頭頂に注意を向け、頭部を固定し、ぶら下がってみます。そのためには「虚領頂勁《きょれいちょうけい》」「含胸抜背《がんきょうばっぱい》」「沈肩墜肘《ちんけんついちゅう》」「収腹提肛《しゅうふくていこう》」「気沈丹田《きちんたんでん》」という姿勢の注意点を満たさなくてはいけません。

【第二段階】

1．両手のひらを前に向け、お腹がやや前（南）に動きます（次ページイラストC）。

2．両手のひらを後ろに向け、お腹を引き締め、お尻を引き締め（これを「収腹提肛」と呼びます）、腰がわずかに後ろに動きます（イラストD）。

3．以上を何度も繰り返してみましょう。まるでブランコで揺られているようです。

前後に揺れる

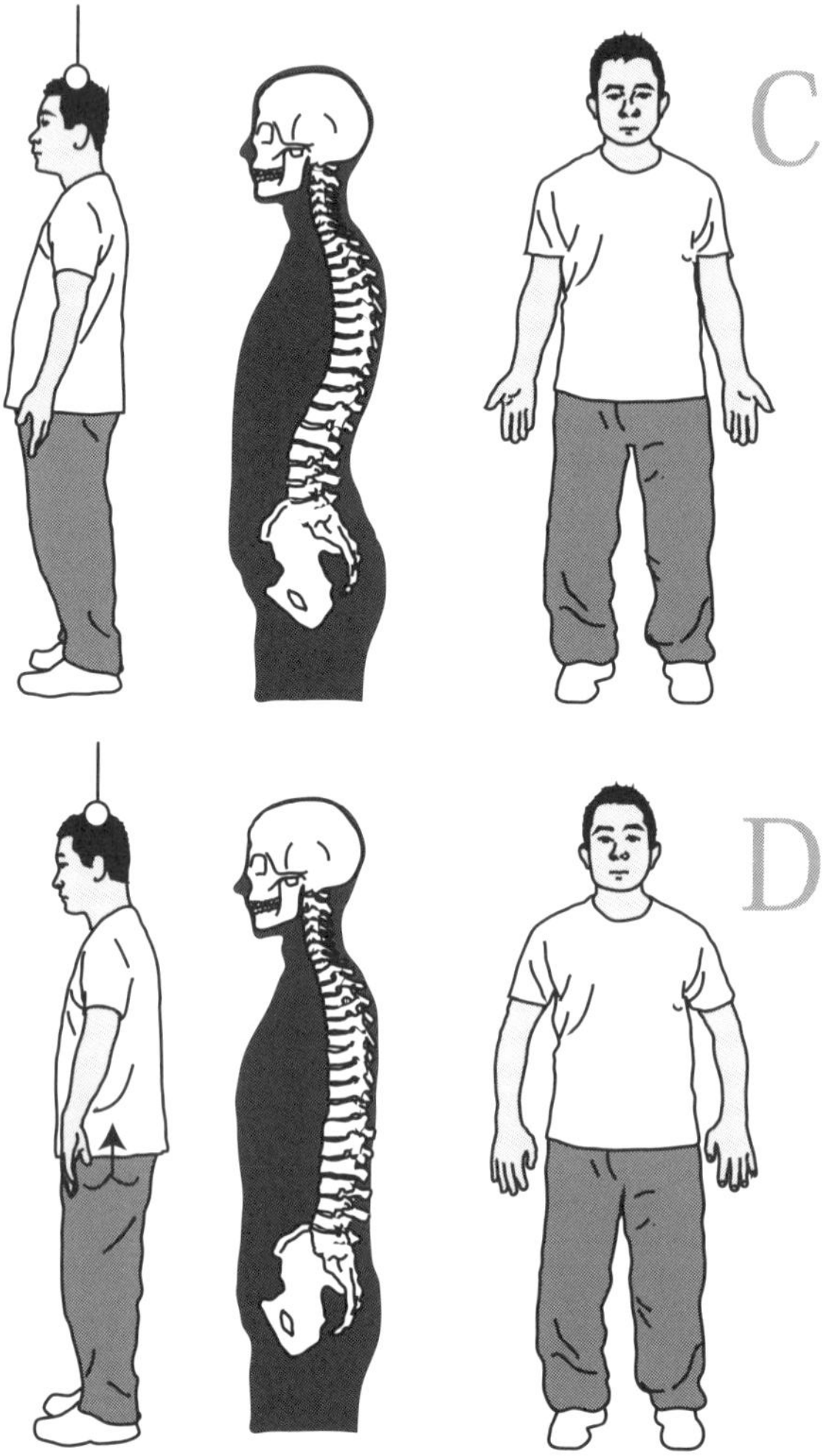

体重を前後に移動することで、身体は、前面（陰の面）と背面（陽の面）に分かれる（既刊『太極拳の「なぜ？」』で詳説）。体重が前にある時は手のひらを前に向け、体重が後ろにある時は手のひらが後ろになるようにする。「骨のイラスト」を見ると、腰椎と尾骨が大きく動いているのがわかる。このように動かすことで「背骨が本来持つ力」を引き出すことができる。

【第三段階】

「左顧右盼」です（58ページイラスト参照）。

1．両手のひらを前に向け、上体は左斜めに、お腹がやや前に動きます。体重は右足に強く乗ります。

2．両手のひらを後ろに向け、上体を右斜めに、お腹とお尻を引き締めます。体重は左足に強く乗ります。

このような理解が左顧右盼を行う時に必要なのです。左顧右盼は、すべての太極拳動作に含まれています。大切な点は、左右、逆にはできない（してはいけない）ということです。

右野馬分鬃

前章では、「左野馬分鬃」の動作を「陰陽の柱」によって解説しましたが、今回は「右野馬分鬃」の動作を、同様に「陰陽の柱」と「左顧右盼」の理解で分析し、練習していきましょう。

1．左顧

「左野馬分鬃」の定式（動作の完成形）で立ちます（63ページイラスト1）。進行方向は東です。こ

の時、左手は「陽の柱」を抱えた形になっています。柱の根元は左足の内側にあります。動きはじめに左手は、左のほうに「左回りの弧」を描いて柱から遠ざかるように動きます。この動作は右足で地面をゆっくり蹴り出す力で作られます。顔はやや左に向けます（イラスト2）。

2. 右盼

次に左足でゆっくり地面を蹴り、その動作で体重は右足に乗ります。上体はわずかに右に回ります。顔も右に向けます。この動作で左手は「陽の柱」に触れます（イラスト3）。

3. 左顧

右足体重のまま上体を左に回していき、左足を45度開きます（イラスト4）。

4. 抱球

上体はそのままで、体重を左足に移動し、右足を左足のそばに引き寄せ、両手は「抱球」します（イラスト5～6）。

5. 右盼

右足を前方に出し（イラスト7）、体重は左足のまま、両手で抱えた「陽の柱」を右（東南30度）に動かします（イラスト8）。

6. 中定

体重を左足から右足に移動し、「右野馬分鬃」の定式になります（イラスト9）。

「右野馬分鬃」を「左顧右盼」で理解する

右野馬分鬃の武術的用法

1. Aは左野馬分鬃の定式で立ちます。BはAの左手首を左手で掴み、左肩を右手で押さえます(左ページ写真1)。

2. Aは「左顧・右盼」します。もう一度「左顧」して左手でBの左手を押さえます(写真2〜4)。

3. Aは右足をBの足元に一歩踏み込み、右手をBの下腹の辺りに差し込みます(写真5)。さらに右肩の付け根まで押し上げます(写真6)。

4. 一度体を沈め力を溜め(写真7)、一気に右肩から発勁します。この技は右肩の靠《カオ》です(写真8)。

さあこれが「右野馬分鬃」の用法例です。最初あなたは左右の足の体重移動に、少なからず「違和感」を感じるかもしれません。「左野馬分鬃」と比べてやや難しいと感じるでしょう。独断的な説明をさせていただけば、左野馬分鬃は「陰の要素」が強く、右野馬分鬃は「陽の要素」が強くなっているためなのです。

陰の要素というのは「気」をチャージする要素で、それを「蓄勁」と表現します。それに対して「陽の要素」はチャージした力を発する要素です。それは「発勁」と呼びます。

「右野馬分鬃」の武術的用法

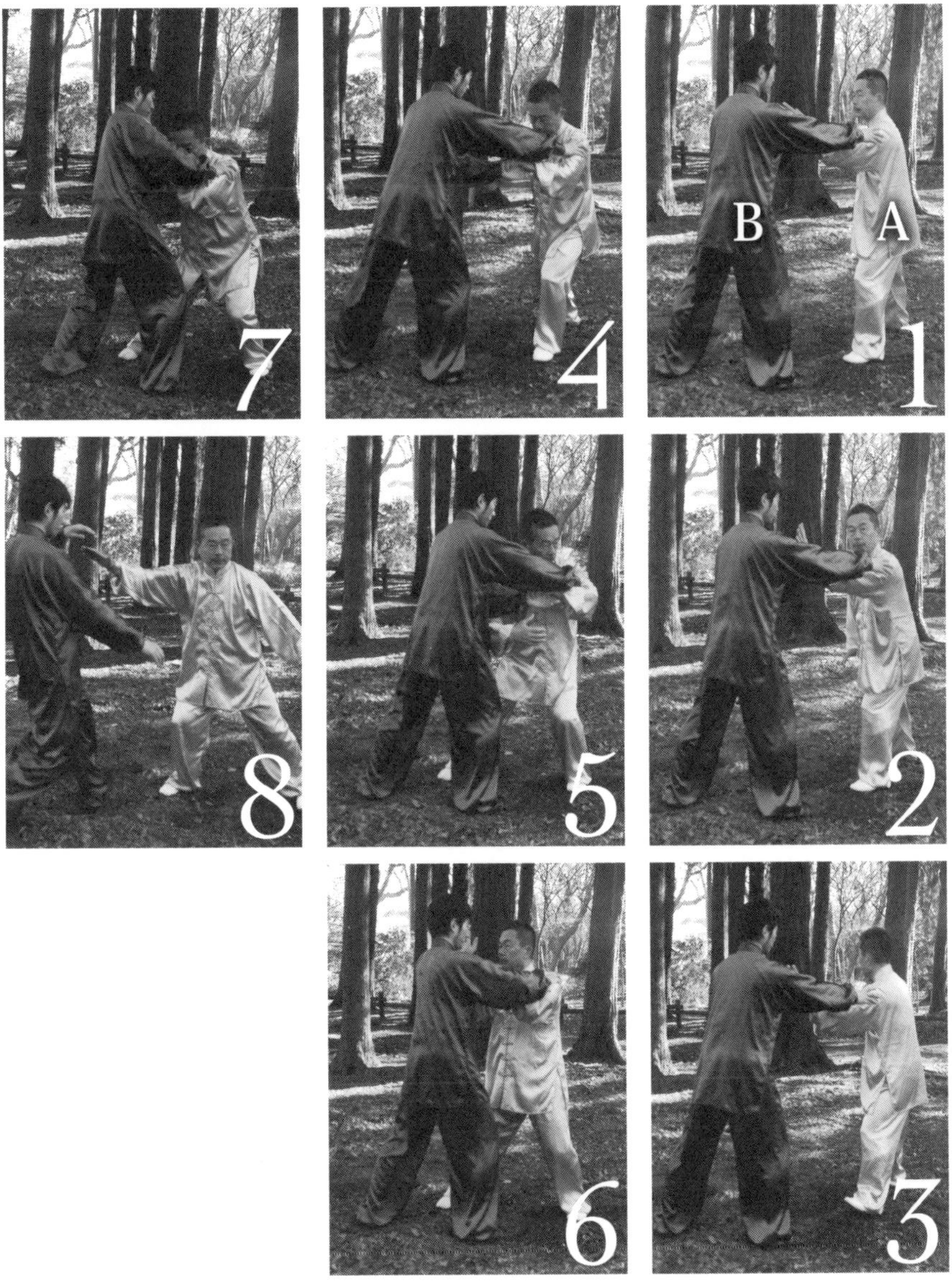

「蓄」の要素「左野馬分鬃」の後に、「発」の要素「右野馬分鬃」がきて、そしてその後に「蓄」の「左野馬分鬃」がきます。ではその次に「発」、「右野馬分鬃」はどうしてないのでしょうか？

それは「発」の要素、「右野馬分鬃」の代わりに、別の表現に変え、第三式「白鶴亮翅《はっかくりょうし》（バイフーリャンチィ）」が続くからです。

つまり、同じ繰り返しを避け、しかも、「陰陽のリズム」を崩さず套路が組まれているのです。そうです、「白鶴亮翅」こそ「右野馬分鬃」を真に理解する「勢（動作）」といえるでしょう。次章で、この秘義を解説していきましょう。

第6章 火と水の理解

右手は男、左手は女

「右手のしていることを左手に知らせてはいけない」（聖書のマタイ6章3節）と説いたのは、ジーザス・クライスト・スーパースター（聖書を題材にしたロックミュージカル）、イエス・キリストです。いえいえ、私は決して信仰について云々するつもりはありません。

不信心な私は、この言葉を曲解（意訳）して表現してみます。すると、「太極拳の動作は、右手は左手に関係なく独自の運動をしている」となります（オーマイゴッド［何てこった］！　この不信心者！）。

太極拳を習い始めた1年目に、私はN老師から不思議なことを教わりました。

「右手は男で、左手は女だよ。右手が『なんだコノヤロー！』と拳を振り上げると、左手は『やめなさい、そんな乱暴なこと！』と

右手を拳に
左手を掌にする挨拶

伝統的な挨拶として、拳にした右手を前に出し、掌を開いた左手を右手に合わせ、両手を腹に下ろすやり方がある。

右手を優しく包み込んで引き下ろすんだ。右手を拳にし、左手を掌《しょう》にする、表演者が最初に行うあの『挨拶』だよ」

今思い返してみると、それは太極拳を学ぶものとして願っても得られない「幸運なこと」だったのです。教わった当時は、その教えがそれほど「重要」であるとは思ってもみませんでした。

白鶴亮翅は強力な技

簡化24式太極拳の第三式は「白鶴亮翅《はっかくりょうし》（バイフーリャンチィ）」です。「白い鶴が羽を広げる」という優雅な名称がついていますが、そもそも鶴は肉食です。くちばしで敵を威嚇、攻撃するなど、意外に獰猛な性質を持っています。中国武術の中には「白鶴拳」という鋭い技を連発する硬質な武術があります。同様に簡化太極拳の「白鶴亮翅」も、意外なほど強力な攻撃力を秘めた技なのです。

「白鶴亮翅」の定式

前章では、「左野馬分鬃」と「右野馬分鬃」が単に「左右を逆にした動作ではない」ということを説明しましたが、この第三式はさらに不思議な「勢」です。この白鶴亮翅こそ、ほとんどの人が感じている「右野馬分鬃」のやりづらさを解消する「KEY」だと私は思います。

さあ、それではまず白鶴亮翅の「定式（動作の完成形）」から理解していきましょう。

「白鶴亮翅」の定式（上掲写真）は右手を上に上げ、左手を下にして右足で立つ姿勢です。足は「左虚歩」、左足のかかとをわずかに浮かせています。右手は「球を抱える」ように、左手は「地面を押さえる」ように構えています。左足で立つ白鶴亮翅はありません。

天円相地方形

それはなぜでしょうか？　この形は「天円相地方形《てんえんそうちほうぎょう》」、つまり、「天は丸く地は四角い」という古い教えから来ています。丸は「天」（隠れた働きの理解）を表し、四角は「地」（東西南北の理解）を表しています。

「釈迦誕生像」は右手を天に、左手を地に向けていますが、それと同じなのでしょう。一般的に理解されているのは右手が陽、左手は陰です。これはもちろん正しい理解です……が、「表の理解」です（このことについては拙著『太極拳の「なぜ？」』で、すでに少し説明してあります）。しかし、太極拳を健康体操ではなく、武術として学ぶ時には、「右と左」について、「陰陽」についてさらに深く（裏の理解）探っていかなくてはいけません。

日本の古武術では「右手は水の手、左手は火の手」と教えるということですが、これは決して単なる語呂合わせではありません。水は「陰」、火は「陽」と理解すれば、左手が「陽」で、右手が「陰」です。右と左はしばしば逆転します。

右手は「左脳」の支配で「巧妙に動く手」です。左手は「右脳」の支配で「力強く」動く手です。右手は「攻撃」、左手は「防御」です。右手は「鉾」を持ち、左手は「盾」を持つ、これが武術の原理です。右手と左手ではどちらが素早く強い手なのか？というと、右手ではなく、右脳の支配を受けた左手です。それを、右手は「水が流れる」ようで、左手は「火が燃え上がる」ようだと昔の武術家は考えたのでしょう。右手は水が流れるように横、または上から下への動きで、左手は火が燃え上がるように下から上への動きが主流なのです。

つまり、白鶴亮翅の定式で右手が上にあるのは、振り下ろす力を蓄えているためです。そして左手は、下から上にはね上げる動作を隠していると理解できます。

「あっ危ない！」と危険を感じた時に直感的に動くのは左手で、その時、左手は下から上に頭部を守るように動きます。

さらに左手は、右手よりも持久力があります。そのために重い盾は左手に持ちます。試してみてください。右手で盾（重いもの）を支えてみると長続きできません。これは左利き、右利きに関係

直感的に動くのは左手

距離的に左右どちらの手でも対応できるような場合、直感的に危険を感じた時、とっさに動くのは基本的には左手である。

なくほとんどすべての人に当てはまるでしょう。

右手は平円、左手は立円

それではイラストを見ながら「白鶴亮翅」を解説していきましょう。

1.　左野馬分鬃の定式（左ページイラスト1）

イラスト1は左野馬分鬃の定式を示しています。

2.　ジー（イラスト2・2'）

次の二枚のイラストは、右手が大きく左回りの円弧を描いて顔が左を向いています。つまりこれが、「左右野馬分鬃」で説明した「左顧《さこ》」です。まったく同じです。この動作は、右手が大切な働きをしています。そしてその右手に力を与えているのは、右足の蹴り出す動作です。私はこれを「ジー」と呼んでいます。「ジー」とは「押す」という意味です。

3.　リー（イラスト3・3'）

さて次に、右手を右回りの円弧を描いて額の高さに持ち上げます。その時に左手を右手に当て、右手を支え、持ち上げるようにします。このような支える動作が左手の特徴です。この部分が「右盼《うべん》」で、

白鶴亮翅

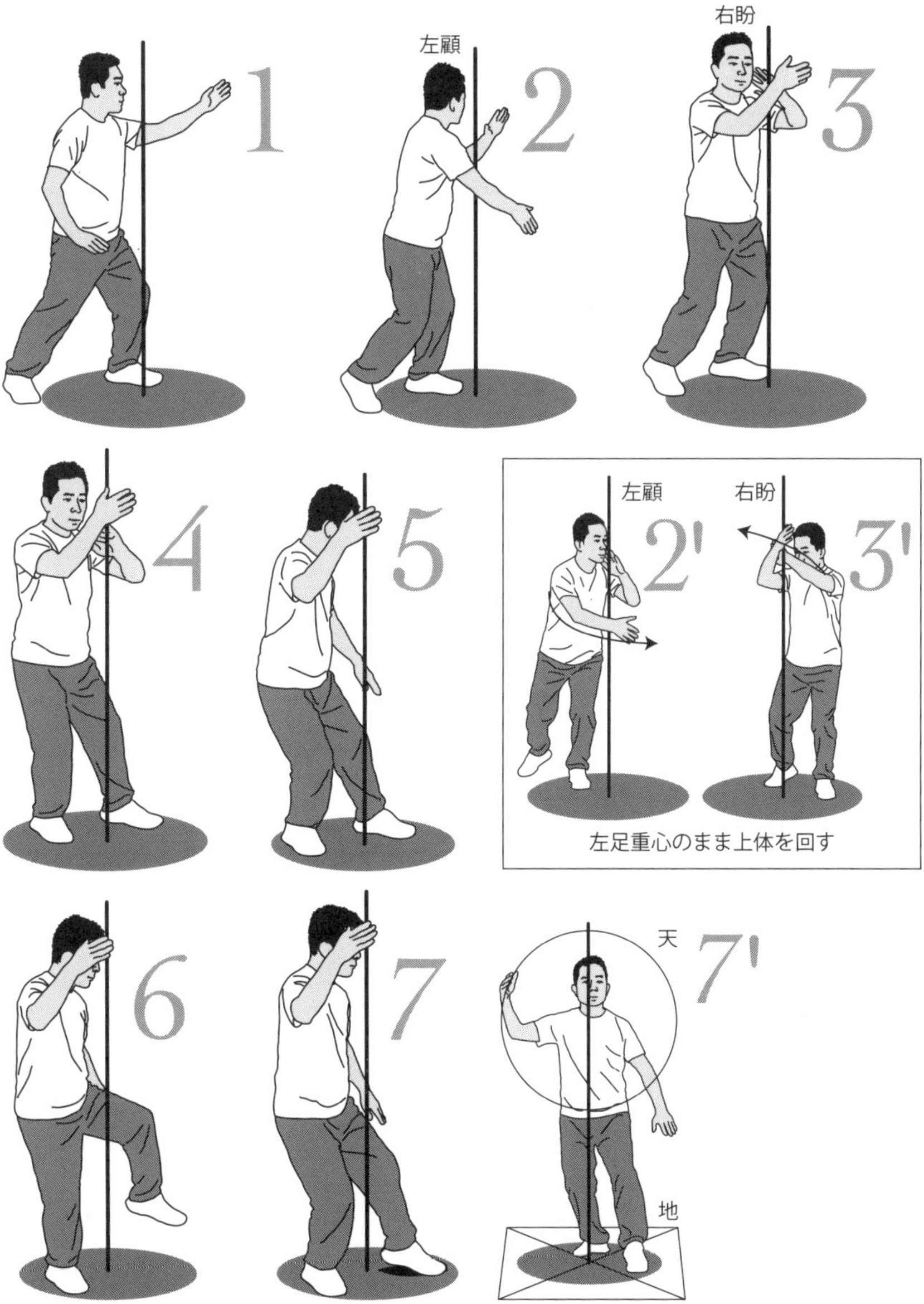

両手は「合」になります。イラストを見ると、その両手はしっかりと「天の中心軸」を抱えていますね。この部分が「リー」で、「引く」と理解することができます。

誤りやすいのは体重移動です。「リー」の時は、左足を軸にして上体が右に回ります。この時に左足を軸にせず、すぐに体重が右足に乗ってしまう人が多いのですが、しっかり気をつけて練習しましょう。

4. アン（イラスト4〜5）

左足に乗った体重を右足に移します。右手を支えていた左手を離し、左手は膝の前を払うように下がります。この部分が「アン」です。

5. ファンソン（イラスト6）

多くの実践者が見過ごしやすいのがこの動作です。左足を持ち上げていますが、この動作は羽ばたくように両手を使い、武術的な意味としては「分脚《フェンジャオ》」、つまり左足先での蹴り技です。

6. ポン（イラスト7・7'）

最後に、持ち上げた左足を下ろし、左虚歩の姿勢になります。腰を落ち着け、ヘソの裏側のツボ「命門」に注意を置きます。この部分が「ポン」で、動作の完成形であり、次の動作の準備姿勢になっています。

最初は「ジー」

太極拳の動作は横綱相撲のようです。すべての勢が「ワンパターンの動作」でできています。最初は「ジー」、押すという意味です。そして次は、押してもダメなら……そう「引く（リー）」のです。

しかし、一般に「ポン、リー、ジー、アン」という順番が教えられていますから、私が、「最初はジー」と言っても、太極拳を長年実践して太極理論を理解している人ほど、「え!? 最初はポンじゃないの」と、反論されます。すぐには納得していただけないかもしれませんが、これはもう、実践してこの動作に従ったモン勝ちですよ。

ひとまず、譲歩すれば、ポンは「冬」で、ジーが「春」です。春の前に冬は絶対に必要です。冬の間に春の準備がされているのです。ですから、冬が春よりも先ということもできるでしょう。

二人での攻防

さあ、では実際に「白鶴亮翅の技」を試してみましょう。

1．まずAは、左野馬分鬃の定式で立ちます（76ページ写真1）。Bは A の左手を掴んで、しっかり押してみましょう（写真2）。

この静止状態は「ポン」ですが、Aが正しい姿勢であれば、Aが動かないのにBは左のほうに動か

「白鶴亮翅」の武術的用法

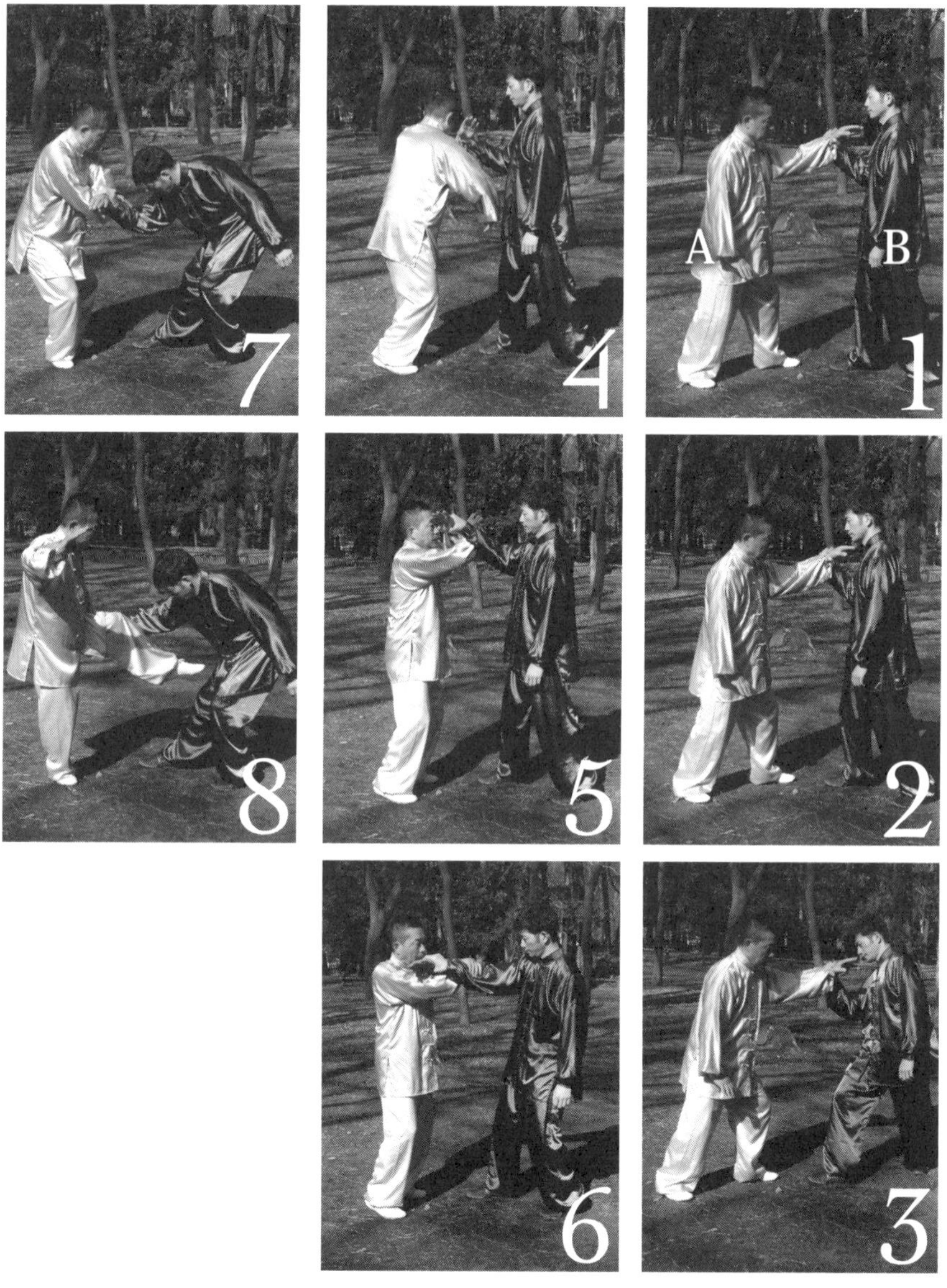

されます（写真3）。これが「ポン勁」です。

2．白鶴亮翅の技はここからです。AはBの右手をかいくぐるようにして、「ジー」の姿勢になります（写真4）。

3．次に、掴まれた左手を右手で押し上げるようにします（写真5〜6）。この部分が「リー」です。

4．両手で掴んだBの腕を「アン」で下に沈めます（写真7）。

5．Aは左足の「分脚」でBの脇腹を蹴ります（写真8）。これが「ファンソン」「ポン」です。

次章で、さらに詳しく「ワンパターン」について説明していきましょう。

第7章
虚歩の秘義

足元の理解

「一手教えましょう」や「手の内を明かします」という表現はあっても、「一足教えます」とか「足の内を明かします」などとは言いませんね。しかし、太極拳の武術的な力（カンフー）を得るためには、「足」についての理解は手の理解以上に大切です。

もちろん、足が大切なことは昔からわかっていましたから、「地に足が着く」とか、「足で地面を掴む」という表現があります。「薄氷を踏むように」、または「泥沼に足を取られて歩くように」という教えも残されています。

空手や剣道など、素足で練習する武術では、足先を見ることでその人の技術度は明白です。初心者はしっかり構えたつもりでも「足元を見られて」しまいます。

それに対して、一般に太極拳を含めて中国武術は、靴を履いて練習します。ですから、上級者の足先が靴の中でどんなふうになっているのか、推し量ることができません。

手足の虚実

「白鶴亮翅」は左足に体重を乗せず、右足重心で立っています。鶴が一本足で立っているような姿勢です。

この形の歩形は「左虚歩（※註）」です。右足に体重が１００パーセント乗り、左足には体重を乗せません。「虚歩」の「虚」とは「ウソ」ではなく、「軽い」という意味です。体重を掛けないのが左足であれば「左虚歩」、右足に体重を乗せなければ「右虚歩」です。

さて、では両手の虚実はどうでしょうか？

右足が実であれば、右手は「虚」、左手は「実」です。つい、上にある右手に注意が向きすぎ、左手はおろそかになりがちですが、左手が大切な手です。右足の力が左腕に流れています。左手は「陽の腕」、右手は「陰の腕」でなければいけません（「陰陽の腕」については第1章、第2章に詳説）。

不思議なトリックで見る人を魅了するマジシャンが、右手を大きく振り回しているとすれば、後ろに隠した左手に「トリックの種」があるのではないかと疑ってみるべきです。派手な動作に騙されてはいけません。

右足が実であれば
右手は「虚」
左手は「実」

さらにトリックは足先にあります。この歩形は、「左虚歩」、体重を左足に乗せませんと説明しましたが、しかしここにも大きなトリックがあります。「虚」という言葉に騙されてはいけません。「軽い」といってもこの体重を乗せていな

い左足にはカンフーの「種」が仕込まれていなくてはいけません。

※註：虚歩には三つのタイプある。
1．「白鶴亮翅」のように、つま先で着地してかかとがわずかに浮いた形。
2．「手揮琵琶」のように、かかとで着地してつま先が30度ほど上がった形。
3．「倒巻肱」のように、足裏が全部着地している形。

白鶴亮翅の二人練習

それでは、二人練習で、左足の理解がない時と、左足に「種を仕込んだ」時の違いを見てみましょう。

1．Aは白鶴亮翅の定式で、つまり左虚歩で立ちます（左ページ写真1）。

2．BはAの左足首を両手で掴んで持ち上げてみましょう。そしてその時、Aは左足が持ち上がらないように耐えてみましょう（写真2）。

3．しかし、おそらくBは簡単にAの足を持ち上げることができるでしょう（写真3）。または、Aは力みすぎて体勢を崩してしまうでしょう（写真4）。

4．さあ、今度はAは左虚歩で立っている左足のつま先を軽く反らせてみましょう（写真5）。ただ指先

白鶴亮翅の二人練習

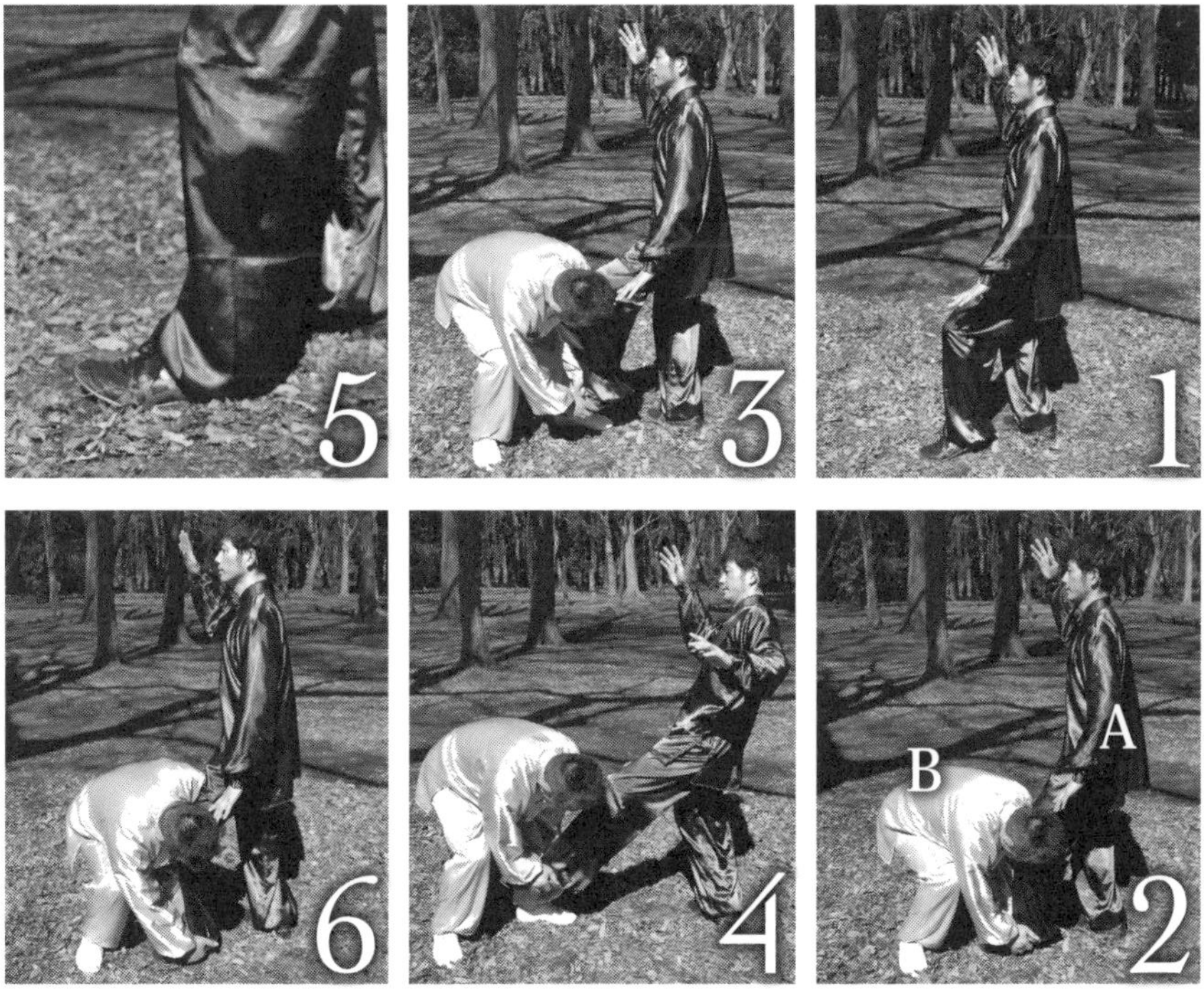

だけを動かします。この動作は当然靴に隠れていて、外から動きを見ることはできません。

5．Bはもう一度Aの左足首を掴んで、持ち上げようとしてみてください。

6．おそらくAの足は地面に根を生やしたように強く、Bがよほど力を入れて持ち上げようとしても、持ち上げることができないでしょう（写真6）。

これが太極拳のマジックです。種も仕掛けもあります。ただ、足の指先の大切な働きを理解すればいいのです。

羽ばたきのエクササイズ

羽ばたきのエクササイズは、両足の指先と両手の指先の力を理解するための基本功です。中国に古くからある「五禽戯《ごきんぎ》エクササイズ」（既刊『誰でもできる！　五禽戯』、ＤＶＤ『かんたん気功体操　五禽戯健身法』に詳説）の一つです。

1．両足を肩幅に開いて立ちます。

2．両手は鳥が羽ばたくように動かします。まず「陽の腕」を作り、両足の指先も同時に反らせます（左ページイラストA）。この動作の時に息を吐きます。

3．次に、両手を「陰の腕」にします。同時に、反らしていた両足の指先は靴底に下ろします（イラストB）。この時に息を吸います。

以上を何度も繰り返します。このトレーニングが足を理解するためのファースト・ステップです。

羽ばたきのエクササイズ

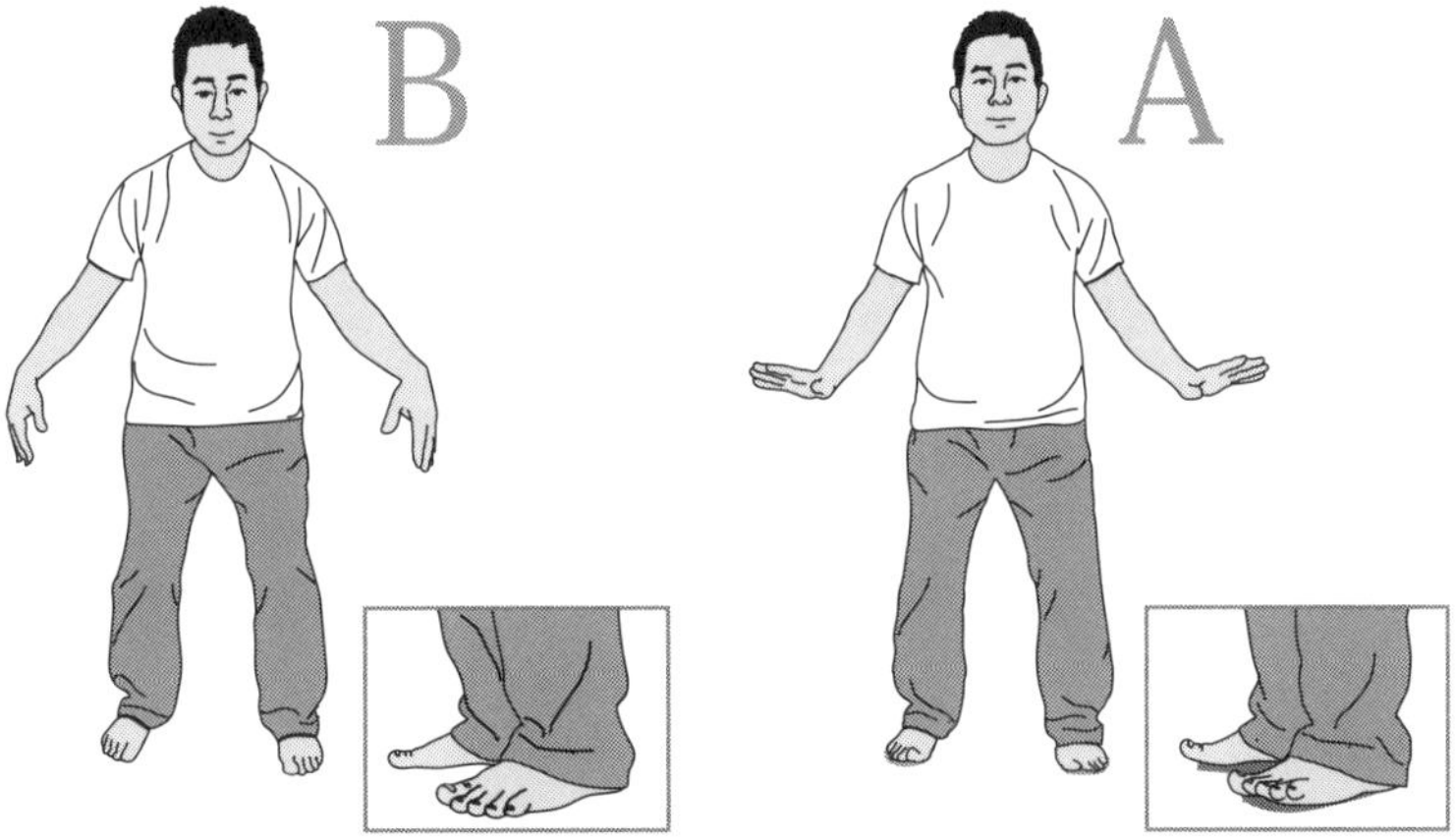

●ワンポイントアドバイス●

力士が土俵際に押し込まれて、もう後がないといった時に足の指で俵を掴むといわれますが、このエクササイズでは全部の指先を上げ、そして上げた力を抜いて下ろすだけです。

スキーのジャンプで滑空している間、選手たちは足の指先と手のひらを、このエクササイズと同様に「反らせて」います。レジェンドの葛西紀明選手も、高梨沙羅選手も、幼い頃からコーチと一緒にこの動作を飽きることなく練習したのでしょう。

もちろん、鶴のエクササイズを何万回行っても空に浮かび上がることはできませんが、その努力はあなたの太極拳技術を確実に向上させることになるでしょう。

左楼膝拗歩

さあ、白鶴亮翅の定式を理解できましたから、続いて左右楼膝拗歩《さゆうろうしつようほ》（ズオヨウロウシーアオブー）です。では最初の左楼膝拗歩を見ていきましょう。まず、イラストを見ながら全体の流れを頭に入れてください。

1．白鶴亮翅の定式から（左ページイラスト1）

2．右手で顔の前を払います。手のひらを顔に向けた状態で、弧を描きます（イラスト2）。

3．左手で顔の前を払います。この時、左手は「天の中心軸（目と鼻の先の垂直軸）」を押さえ合掌した形になり、掌側は目で見えません（イラスト3〜4）。

4．続けて身体を右に回し、目は右手を見る。左手を右脇腹の前に下ろし、左足を一歩前にかかとから出します（イラスト5）。

5．右足から左足に体重移動し、同時に左手は膝を払い右手は前方に押し出します。左足にしっかり体重を乗せ、目は右手の人差し指の先を見ます（イラスト6）。歩形は「左拗弓歩」（次章で解説）になります。

左楼膝拗歩

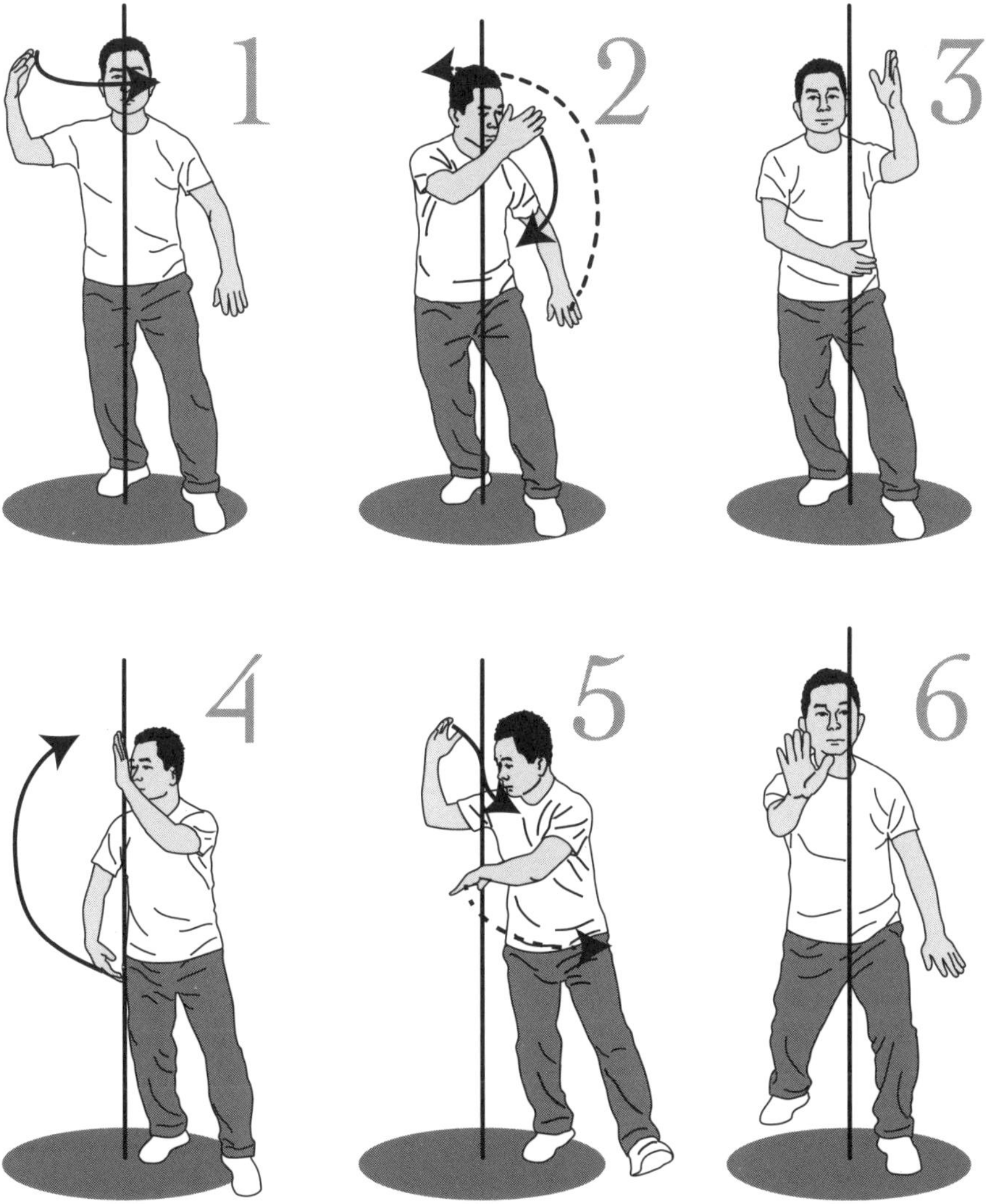

左楼膝拗歩の武術的用法

1. AとBは向かい合って立ちます。
2. Bは左手でAの右手を掴み、右手でAの左手を掴みます（左ページ写真1）。
3. それに対して、Aは套路の形の通りに右手でBの左手を払います（写真2）。
4. Aはさらに左手でBの右手をすくい上げるようにして、上体を右に回し、Bの右手を下に押し下げます（写真3〜5）。
5. さらにAは左足をBの右足のそばに踏み出し（写真6）、右手でBの胸を押します（写真7〜8）。

こうして敵との攻防をイメージして練習することをお勧めします。

「武術的攻防」を説明するわけ

私が教室で「武術的攻防」について説明すると、「先生、敵は必ずしも腕を掴まないかもしれませんね。

「左楼膝拗歩」の武術的用法

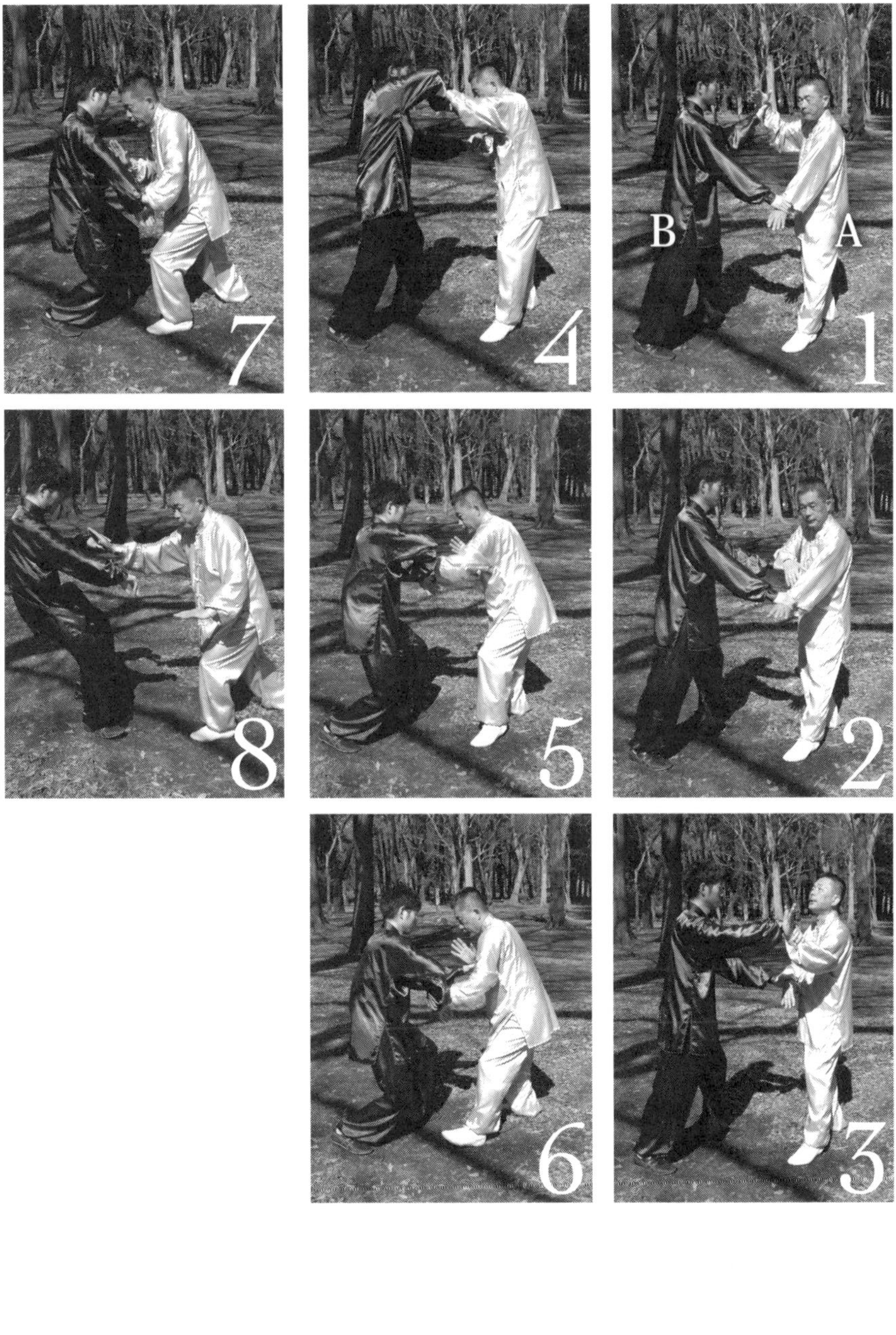

拳で攻撃された時の攻防もイメージして練習すべきですか？　蹴りが出てくるかもしれませんねえ！」というふうにして質問する生徒がいます。または「先生、実際の攻防に合わせて素早く練習する必要があるのではないですか？」というような質問も考えられるでしょう。

私が各套路の攻防を説明するのは、太極拳のワンパターンの動作の意味をわかっていただきたいというのが主な目的です。太極拳はワンパターンの動作で作られています。どんな攻撃に対してもその「ワンパターン」が通用するのです。

その「ワンパターン」は千変万化します。そのパターンは「ジー・リー・アン・ファンソン・ポン」です。まずあなたは、これまで解説した「勢（起勢・左右野馬分鬃・白鶴亮翅）」でそのワンパターンを練習してください。ワンパターンが理解できてくると、私が説明しない攻防についても「イメージできる」ようになるでしょう。その練習は、素早く行う必要はありません。逆にゆっくり、できるだけゆっくり、繰り返すことをお勧めします。

第8章 順弓歩と拗弓歩

型の持つ意味

太極拳や様々な武術は、「型」を学びます。簡化24式なら24の動作が並んでいて、順にそれを学んでいきます。

「型」を学ぶ目的は何なのでしょうか。それは型を練習することによって、特殊な手足の使い方、パワフルな武術的動作を身に付けるためです。そのような動作は、日常はほとんど行うことがなく、学ばない限り、理解しがたいものです。

武術的動作とは、押したり、引いたり、沈めたり、持ち上げたりするような「力仕事」の動作です。決してストレッチや柔軟体操ではありません。大きくしっかり手足を伸ばして動作するような、健康エクササイズとは一線を画します。ダンスのように美しく見せる要素もなくはないのですが、「本質」ではありません。

しかし練習者は、ともするとその「型」を日常の動作の感覚で解釈しがちです。するとその型は空虚な形だけのものになってしまいます。

型とは「鋳型」のように「中身」を形作るためのものです。中身を作ることが「型」を学ぶ目的です。逆に言えば、大切な中身を無視して、ただ形を練習しても、武術の上達はありません。

順弓歩と拗弓歩

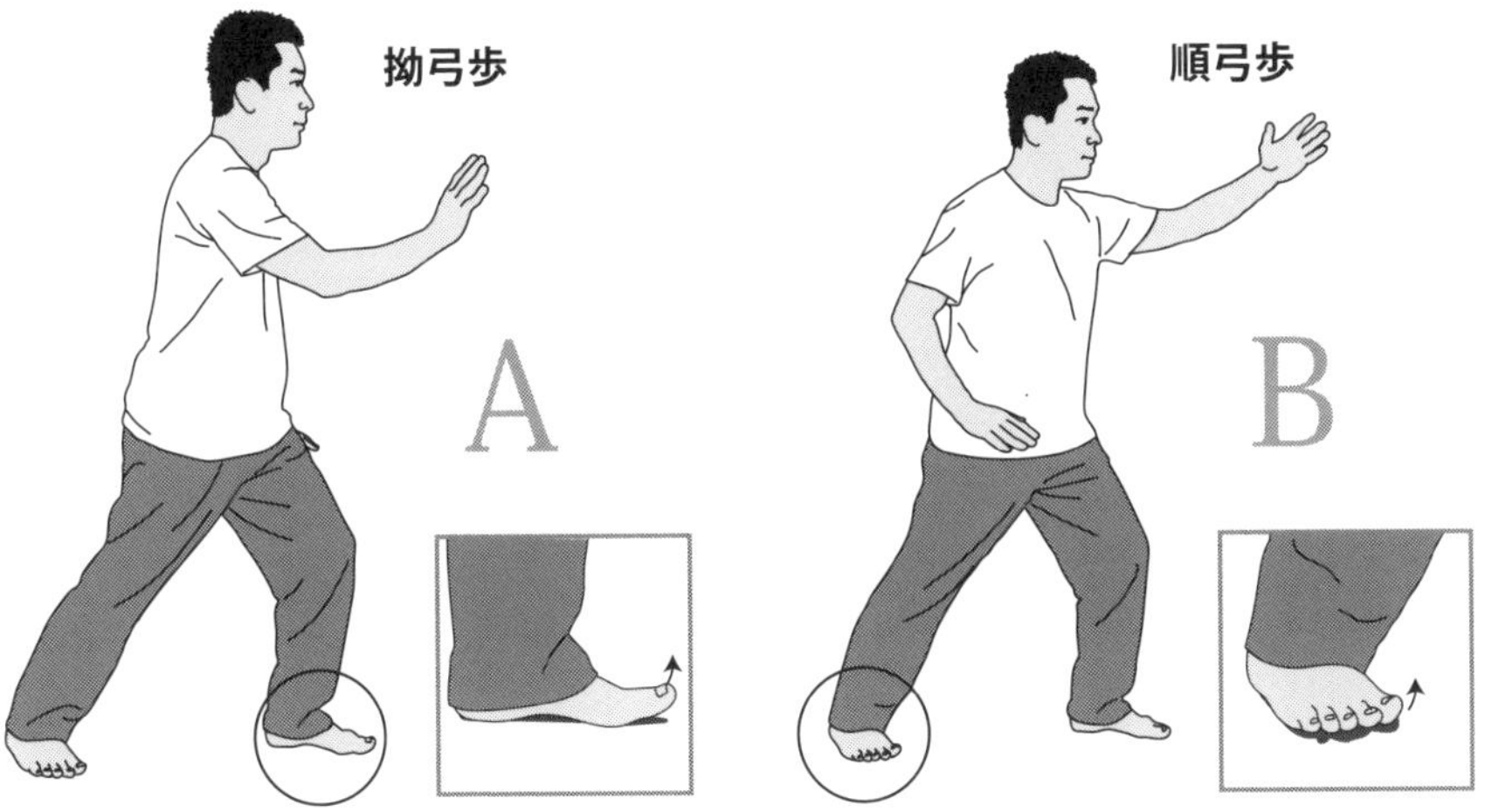

拗歩《ヤオブー》とは「逆歩」

簡化24式太極拳の套路について、すでに第一組（起勢・左右野馬分鬃・白鶴亮翅）と、第二組の最初の動作、左右摟膝拗歩の「左摟膝拗歩」まで、大まかにですが解説してきました。今回は、右摟膝拗歩を見ていきたいと思いますが、その前に質問です。

「摟膝」とはどういう意味でしょうか？　そう、「膝を払う」という意味です。そして「拗歩」とは「逆歩」という意味です。「拗」に「逆」という意味があるのです。

では、「逆歩」とはどんな足なのでしょうか？

上掲イラストAのように「左摟膝拗歩」で左弓歩《きゅうほ》になった時に右手が左手よりも前になっている状態です。

「逆歩」に対して「順歩」があります。イラストBのように「左野馬分鬃」は左足が前にあり左手も前にあります。この状態が「順歩」です。

私たちは「逆歩」で歩いている

私たちが普段歩いている時は、手に何かを持っていない限り、自然に両手を振っています。右足が前にある時は左手が前に振られ、左足を出す時は右手が前に振られています。それは自然な歩き方ですが、実はこの歩き方は、武術の理解では「逆歩」なのです。

それに対して「順歩」とは左足を前に出す時には右手ではなく、左手を前に出すような歩き方のことです。

どうでしょうか、一度試しに歩いてみましょう。ちょっと、ぎこちないですね。しかしこのような歩き方は古代の日本人が普通に行っていたのです。そして、私たちが当たり前に歩く歩き方は、明治以降に、文明開化の流れに乗って西洋から輸入されてきたもののようです。

もしも時代劇で、侍を演じる俳優が両手を逆歩に振って歩いていたら、時代考証が甘いと評価されるでしょう。鍬《くわ》をもって畑を耕すような、農作業や肉体労働の動作の時は、「順歩」になることが多いものです。

空手や多くの武術では、右足を前にした時に右拳を打ち出すのは「順突き」、左拳を打ち出すのは「逆突き」と呼びます。

「弓歩《ゴンブー》」には２種類ある

「左弓歩」で立ってみましょう。そうです、左足を前に右足を後ろにします。この状態で左手を前に、右手を後ろにすると、つまり「左野馬分鬃」になりますが、この弓歩は「順弓歩」です。

それに対して右手を前に、左手をやや引いて「左摟膝拗歩」で立ちます。この弓歩は「拗弓歩」と呼ばれます。

この二つの弓歩の違いは、両肩を結んだ線と両腰を結んだ線が「拗弓歩」の場合にはやや「捻れ」が生じていることです。

捻られる場所を「腰《ヤオ》」と呼びます。日本では腰《こし》は腰骨の辺りですが、「腰《ヤオ》」はへその高さです。

順弓歩には「捻れ」はありません。摟膝拗歩を練習する時は、この捻れをしっかり意識して練習しなくてはいけません。このような微妙なポイントを確実に理解して練習することによって、あなたは武術的力（カンフー）を養成することができるのです。

足の裏の秘義

この二つの弓歩には、足裏に微妙な違いがあります。その違いに「気づく」ためにはこの二つを繰り返すといいでしょう。つまり、野馬分鬃の「順弓歩」と摟膝拗歩の「拗弓歩」を繰り返して練習するのです。

【順弓歩と拗弓歩のエクササイズ】

1．まず「左野馬分鬃」で普通に立ちます。左足の膝の位置は、上から見た時につま先を隠す位置です。この歩形が「左順弓歩」です。

2．そしてその足の状態を維持したまま、次に、右手を前にして「左摟膝拗歩」になりましょう。この歩形が「左拗弓歩」です。順弓歩に比べると、へその高さで胴体に捻りが加わっています。

3．さて、それではもう一度左野馬分鬃になる時に、後ろの右足のつま先を浮かせるようにしてみます。そして少しその状態を維持してみましょう。すると、右足がしっかり伸びてくるでしょう。

4．今度はまた「左摟膝拗歩」になりますが、左足のつま先を反らせ、右足のつま先は元に戻しましょう。すると、先ほどよりも体の捻りはすんなりできるはずです。

5．前記の3と4を繰り返し練習しましょう。そのあとに「右弓歩」の「順弓歩」と「拗弓歩」も練習しましょう。

順弓歩と拗弓歩のエクササイズ

①～⑥は、「左弓歩」でのエクササイズ。これを何度か繰り返し練習した後、右足を前に出し、左足を後ろに下げ、「右弓歩」で同じ動きを行う。

●ワンポイントアドバイス●

ポイントは足の形、膝の位置をしっかり保って、上体を動かすことです。これが順歩と逆歩の違いです。靴を履いて練習しているところを見ると、このような努力はほとんどわかりません。しかし人に知られない努力は必ず報われるでしょう。

右摟膝拗歩

さあ、太極拳套路の練習です。今回は左摟膝拗歩からの続きで「右摟膝拗歩」です。

1. 左摟膝拗歩の定式は「左拗弓歩」で立っています（左ページイラスト1）。

2. 体重を右足に移し、右手で顔の前を払います。左足先を持ち上げ45度開きます。歩形は左虚歩（イラスト2）。

3. 左足に体重を乗せ、右足を引き寄せます（歩形は左丁歩）。顔は左手のひらを見る（イラスト3）。ここまでの動作が「ジー」です。

右摟膝拗歩

4．左手はこめかみに近づけ、顔は進行方向に向けます（前ページイラスト4）。この動作が「リー」です。

5．右足を前にかかとから出し、左手はこめかみに近づけます（イラスト5）。この動作が「アン」です。

6．右足に体重を移しながら、右手は膝の前を払います（イラスト6）。この動作が「ファンソン」です。

7．右弓歩になり、左手を前方に押し出します（イラスト7）。この部分が「ポン」です。

七枚のイラストで表現するために、「ワンパターン」の理解がわかりづらいでしょうが、これまでに紹介した各動作を比較しながら推理して掴んでください。

●ワンポイントアドバイス●

「なぜ手のひらを見るのか？」

左摟膝拗歩の定式から、右摟膝拗歩は右手を動かすことから始まります。これまでの各動作でも説明したようにそれが「左顧」です。この右手の動作は顔の前を払う「意念」が大切です。まず右手のひらを見て、すぐに左手のひらを見ます。「右手は水の手、左手は火の手」という古武術の教えの通り、右手は掴まれた敵の手を下に沈め、左手は敵の攻撃を払い、押し上げます。

まるで、日本舞踊か盆踊りのような優雅な振りですが、このような動作は「見せる」ためではなく、あくまでも武術の「技」なんです。

右摟膝拗歩の武術的用法

1. Aは左摟膝拗歩の定式で立ちます（次ページ写真1）。そしてBは左拳で打ち込みます（写真2）。

2. Aは打ち込んできた相手の右腕の手首を払って沈めます（写真3）。

3. Bは右拳でAの顔を攻撃しようとします（写真4）。

4. Aは左手でその拳を払います（写真5）。

5. 続けてAは受けた左手でBの右腕を押し上げ、そのままBの胸に向け発勁します（写真6～8）。

次章から、いよいよ太極拳のすべての「型」が隠している「ワンパターン」について、平円と立円という観点から解説していくことにしましょう。それはつまり「8」の字です。

「右摟膝拗歩」の武術的用法

第9章 「木」の理解

木を隠すのは森の中

「木を隠すには森の中」と、ことわざにありますね。「森」には同じような木が無数に生い茂っていますから、森の中に置かれた「木」は紛れて見つけ出すことができません。

このことを太極拳に当てはめると、「木」とは、「一式の動作」です。「森」とは、つまり、太極拳の「套路」です。簡化24式であれば24本の木が「森」を構成しています。

太極拳は、古くは「長拳」という呼び方もされていましたが、套路が滔々《とうとう》と大河が流れるように続いていきます。陳式や楊式の伝統拳になると83式とか１０８式とか、気が遠くなるくらい長いものばかりです。

長い套路は、カモフラージュではないでしょうか。長いものに巻かれて、目をふさがれてはいけません。もちろん、套路全体を通して練習することも必要ですが、ただ闇雲に通して練習するだけなら、上達は望めません。太極拳を本当に自分のものにするためには、「森」よりも一本の「木」を追求することが重要です。

第５式の「手揮琵琶《しゅきびわ》（ショウホイピーパ）」こそが、最初に理解する「木」にふさわしいと、私は考えます。この一式を「ワンパターン」で理解して繰り返し練習してみましょう。すると「森」の中のその他の「木」も、ワンパターンで構成されていることがわかってくるのです。ワンパターンとは、つまり、これまで私が解説してきた、ジー・リー・アン・ファンソン・ポンのことです。

左回りは「平円」、右回りは「立円」

太極拳の各動作は、驚くほど「ワンパターン」です。そのワンパターンが様々に形を変えた動作になります。ワンパターンを理解するには「平円」と「立円」を追求していけばいいでしょう。最初に理解すべきは「左回りの平円」と「右回りの立円」です。

あなたは小学校の運動会のリレーなどで、トラックを一生懸命走った経験が一度ならずあるでしょう。世界中で使用される競技用トラックは「左回り」です。１年に何度か日本列島に上陸する「台風」も左回りですね。フィギュアスケートの羽生結弦《はにゅうゆずる》選手が、氷上で繰り広げる華麗な４回転ジャンプを見ても「左回り」です。左回りは「平円」だと覚えてください。

そして「立円」は右回りです。世界中の時計の文字盤は「右回り」です。ＪＩＳ規格のネジは右に回すと締まります。右回りは「立円」と覚えてください。

平円と立円で8

この「平円」と「立円」を組み合わせることで「８」を描くことができます。大切なことは平面的な８ではなく、「平円」と「立円」を組み合わせることによって立体的になるということです。

この８は、立体空間でバランスを保ち、力強く体を動かす時に役立てることができます。太極拳の練習に取り入れていくと、多様な太極拳動作が不思議なくらいにワンパターンだということが理解できてくるのです。

このことは、２０１７年に出版された『太極拳のヒミツ』で発表するつもりだったのですが、結局、用意していた後半の原稿を割愛して、最も基本の「天地の呼吸」と「亀のエクササイズ」を紹介し、天地をつなぐ左右対称の「８」の概要を解説するに留めました。ですから、本書は『太極拳のヒミツ２』ともいえるのです。

図を心に刻もう

左掲の図Aは「平円」と「立円」が組み合わされた「８」を表しています。このように「平円」と「立円」をつなげることで、「８」を立体空間での肉体動作に応用することができるのです。このイメージイラストが入り口です。動作を練習する前にこの図をしっかりあなたの意識の中に焼き付けてください。

「８」に気づくことができたのは、私が、愈棟梁老師から「陳式太極拳83新架式」を学んだ結果でしたが、この理解はすべての太極拳に、多様な流派の武術に通用すると考えます。

「８」に気づいてからずっと長い間、「８」が、ブ

平円と立円で８

図A

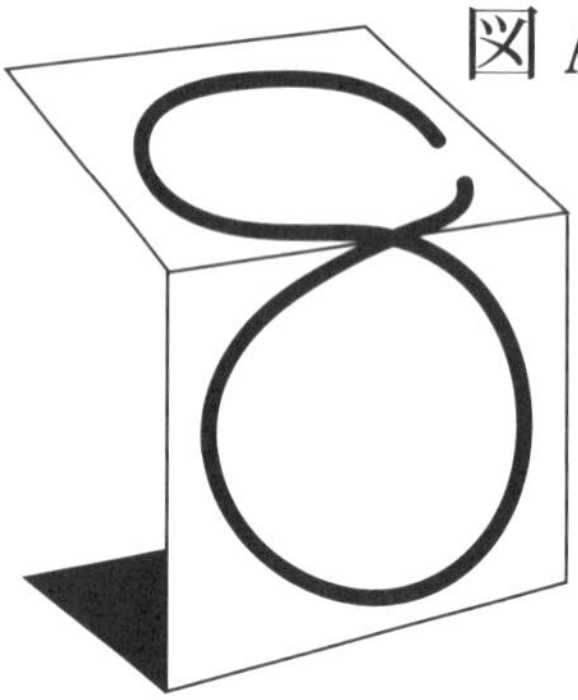

ンブン私の頭の周りを飛び回っていました。実に多くの失敗を体験しました。8の動作の始まりがどこで、最後はどこなのか誰も教えてくれませんでした。あれからもう30年が経過しました。これまでは私の教室の中で生徒に直接教えるだけでしたが、もう大丈夫という確信のもとに、今回、実践法も含めて発表することにしました。

「8」の基本功

3D写真というものをご存知でしょうか。これは、二枚の写真を遠隔視（遠くを見るような見方）で見つめていると、平面空間であるはずの二枚の写真が奥行きのある立体映像に変化するしくみです。おそらく初めて見た人は感動するのではないでしょうか。この実践法は、それと同程度の感動を体験していただけるのではないかと思います。では、平円と立円を結合させた「8」の基本功を紹介しましょう。

1．まず「天の中心軸」を両手に持ち、足幅は肩幅の1・5倍ほどで立ちます（次ページイラスト1）。

2．体重を右足に乗せながら、両手で左回りの弧を描いて前方に突き出します（イラスト2）。

3．それから体重を左足に移しながら、続いて左回りの円を描いて、天の中心軸を胸の前に引き寄せてきます（イラスト3～4）。

「8」のエクササイズ

4．次に、体重を右足に乗せ、天の中心軸を地面に突き刺していくようにして両手を右膝の近くに下ろします（右ページイラスト5～7）。

5．さらに体重を左足に乗せ、しっかり中心軸を引き上げて右回りの立円を描いていきます（イラスト8～10）。

6．最後に天の中心軸を右足の内側になるようにして動作を完結させます（イラスト11）。

7．以上を何度も繰り返します。

手揮琵琶

さあ、それでは太極拳套路の解説です。今回は、第5式「手揮琵琶」です。手揮琵琶は「琵琶を奏でる」という意味です。「琵琶」というのは中国の古い楽器です。

それぞれの動作（式）に付けられた名称に、「古い時代の中国人」の大らかさとユーモアを感じませんか。英語では「Play the Guitar」と呼ばれています。

この一式こそ、太極拳のパターンをしっかり理解する最も近道ではないかと、私は思います。この一式を何度も繰り返して練習することをお勧めします。

【動作】

1. 定式：左摟膝拗歩の定式から（左ページ写真1）。

2. ジー：右手を前方に突き出し、右足を半歩引き寄せます。この歩法を跟歩《ゲンブー》といいます（写真2）。

3. リー：体重は左足のままで、左手を前方に出します（写真3）。

4. アン：上体はそのまま、体重を右足に移し上体をわずかに進行方向に回し、腰を沈めます（写真4）。

5. ファンソン：右足の伸び上がる力で左足を持ち上げます（写真5〜6）。

6. ポン：右足は上体を支えたまま上体を沈め、左足のかかとを着地させます（写真7）。

●ワンポイントアドバイス●

先に動くのは右手です。右手が左回りの弧を描いて前方に出されますが、この動作は右足の力で押し出します。次の左腕は下から右回りの弧を描いて持ち上げられます。この力は左足を軸に作り出されます。これが「ジー」「リー」です。

手揮琵琶

そして大切なのは「アン」で、右足にしっかり体重を乗せ腰を沈めることです。すると次の「ファンソン」は右足が伸び上がる力で左足を「軽く」持ち上げることができます。そして「ポン」は次の動作に備えます。

この「手揮琵琶」の動作を繰り返し練習するのであれば、この「ポン（上掲写真7）」の後に「ジー（写真1）」につなげてエンドレスに繰り返せばいいのです。

太極拳の「跟歩」

跟歩とは、後ろの足を半歩引き寄せる足運びのことです。形意拳ではこの歩法が多用されますが、簡化太極拳では、「白鶴亮翅」と「手揮琵琶」と「高探馬」と「海底針」に用いられるだけです。しかも右足を引き寄せる跟歩だけで、左足はありません。これらの式を比べてみると、驚くほど共通動作があることに気づくでしょう。

手揮琵琶の用法

1. Bは左手でAの右手を、掴みます（左ページ写真1）。
2. Aは右手を左回りの平円で突き出し、右回りの立円を描いてBの腕を掴み返します（写真2〜4）。
3. Bは右手でAに殴りかかります（写真5）。
4. Aは左手を「楯」のように振り上げ（写真6）、Bの右手の肘に当て、攻撃を制します。さらにAは、左足でBの右足の脛を蹴り下ろします（写真7〜8）。

「手揮琵琶」の武術的用法

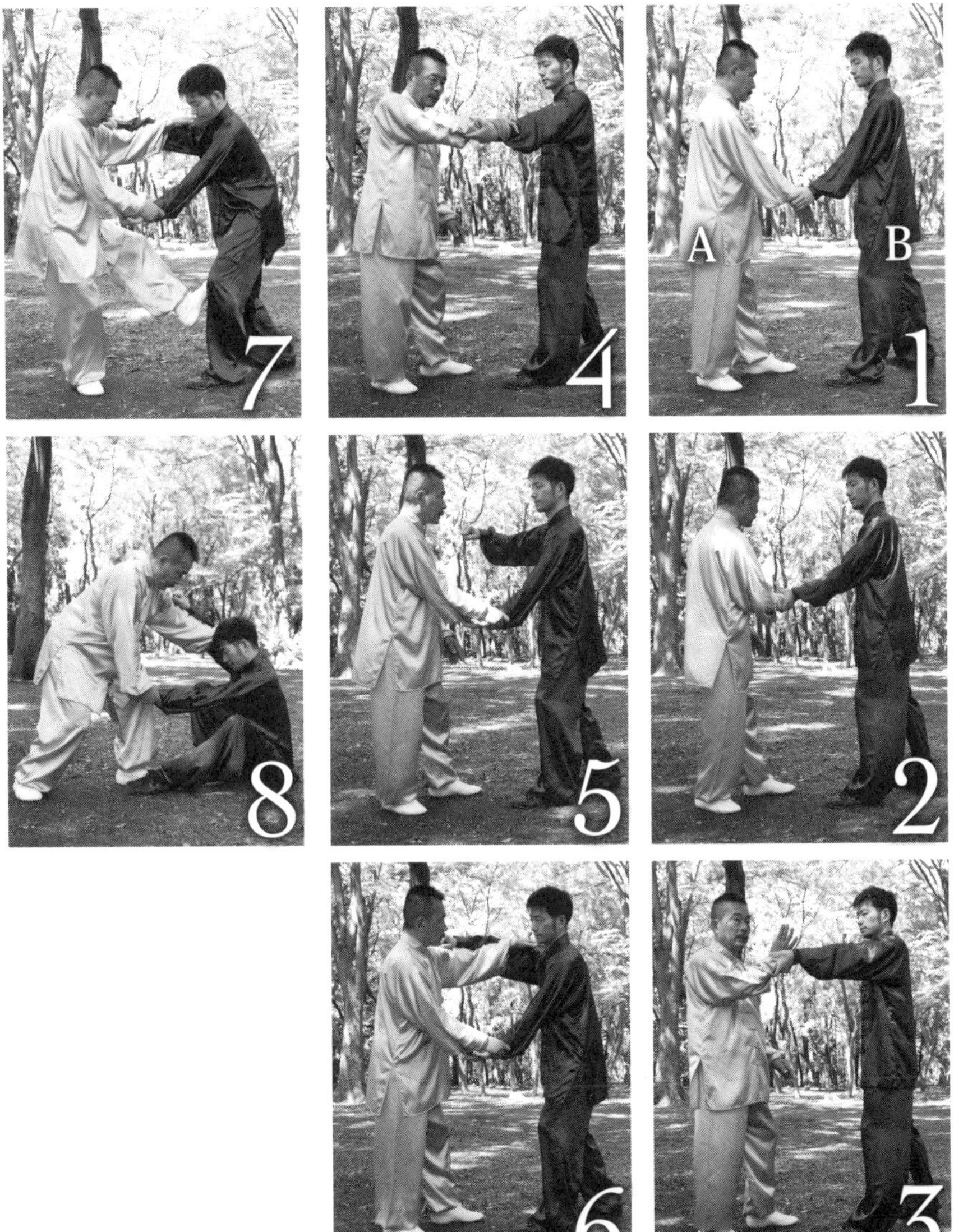

第10章　五行の動作

五行の図

「水戸黄門」のドラマでは、クライマックスシーンで助さん格さんが「これが目に入らぬか！」と葵の御紋の「印籠」を見せますね。すると、「ハハーッ！」と、悪代官は抵抗をあきらめ、神妙にお縄につきます。毎回、ワンパターンのドラマ展開です。しかし人気が衰えませんね。

これまで紹介してきた太極拳のワンパターンは、決して、私、真北の勝手な解釈ではありません。しっかりとした根拠に基づいています。「これが目に入らぬか！」と提示するのは、印籠ならぬ「五行」の図です。

「五行の図」

図A

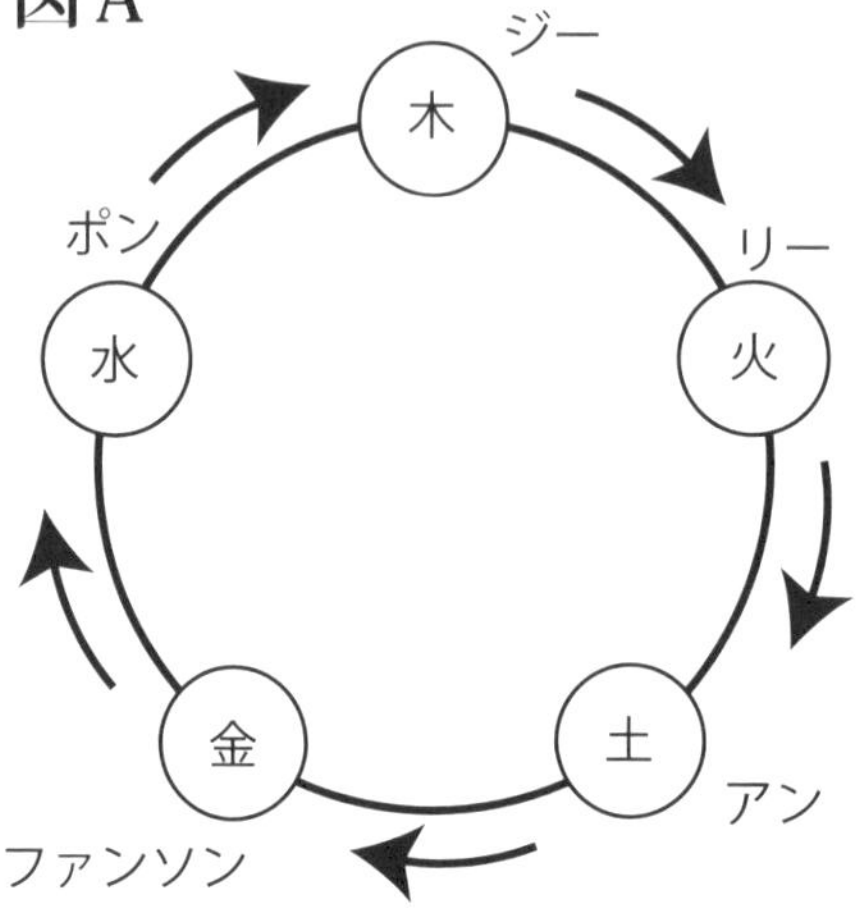

図Aは漢方薬のお店の壁面に、だいたい一枚貼られています。中医学の理解はすべてこの図に基づいています。また多くの分野で、本質的なことを理解する時に、この図が不可欠です。そして太極拳練習者も、動作の正しい理解のために、この図を学ぶべきなのです。

図を見てください。大きな円に配置された小さな五つの円に、それぞれ、木・火・土・金・水と割り振られています。さあ、この図に書き込みをしていきましょう。「木」の円のそばに「ジー」と書いてください。同様に、「火」のそばに「リー」、「土」には「アン」、「金」には「ファンソン」、そして「水」には「ポン」と書いてみましょう。

五行に当てはめる

1. 木は「肝」
「ジー」は主に右手で行われます。右脇腹には肝臓がありますが、肝気が右手に流れます。

2. 火は「心」
「リー」は主に左手で行われます。左手から取り込まれた「気」が心臓に流れます。

3. 土は「脾」
「アン」は、左手からお腹（脾）に降りた「気」が主に右足に流れます。それから「右足」を通して地面に降りていきます。

4. 金は「肺」
「ファンソン」は主に左足に関係します。この動作の時には胸を開き、「両肩甲骨」をやや閉じるようにします。一般に「ファンソン」は、体内の「気」が足の裏から地面に降りた状態と理解されることが多いようです。それに続いて「地面の気」が上昇して全身に広がる状態までを「ファンソン」としたほうが、「勁力」を体得するためには有効だと考えます。

5．水は「腎」

「ポン」は站桩功の姿勢になります。この時は「ファンソン」とは逆に両肩甲骨を開くようにして、腰を沈め、「提肛」し、全身に広がった気が臍下丹田に収まるのを意識します。「ポン」は完成形（定式）です。

コマのように回転している

ワンパターンの一連の動作は、様々に変化していきますが、この流れはほぼ一定なのです。この動作の流れがすべてです。太極拳は「独楽《こま》」であるという古い教えは、結局、このことを指しているのではないでしょうか。このように理解して初めて「独楽」という教えの真意が了解されるでしょう。太極拳の全套路は、この五行の要素が順番に繰り返されて構成されています。

矢印で示した、「木」「火」「土」「金」「水」の順番は「相生」の関係といいます。一つの要素が一つの要素を助けるのです。「木」は燃えて「火」を助けます。燃えた後には灰が残りますが、その灰は肥料として「土」を肥やします。そのことを「火」は「土」を育てるといいます。「土」の中から「金属」が掘り出されることから「土」が「金」を育てる、としました。そして金属の器で「水」を蓄えることから「金」は「水」を育てると考えました。そして水を吸って「木」が育つので「水」は「木」を育てると考えたのです。これが古くから教えられている「五行」の哲学です。

手揮琵琶を徹底分析

前章に続いて本章も、簡化24式太極拳の第5式「手揮琵琶《しゅきびわ》」の動作に当てはめて五つの動作を説明してみたいと思います。前章ですでに、写真で手揮琵琶を紹介していますが、本章はイラストで動作を提示し、五行で詳しく解説します。この手揮琵琶の動作「一式」を徹底して理解すれば、残りの動作は「芋づる式」に理解できてくるのです。

0. ポン

「手揮琵琶」の動作は「左摟膝拗歩」の定式から始まります。この定式が「ポン」です。しかしこれは「左摟膝拗歩」の完成形であり「手揮琵琶」ではありません。尻尾をくわえた蛇のように前式の「ポン」が最初の動作をくわえているのです（121ページイラスト1）。

1. ジー

「手揮琵琶」の最初の動作は、右手を左回りの平円で突き出す動作です。これが「ジー」です（イラスト2）。この右手を前に出す動作の「根」は左足にあります。右足で押し出しますが、左足と右

手がつながっていると意識してみましょう。

2．リー

その次に、左手を立円で持ち上げます。それが「リー」、「火」です（イラスト3）。大切なのは左足に体重を乗せたままこの動作を行うということです。多くの実践者がこの動作の時に体重を「跟歩」で引き寄せた右足に乗せてしまいます。形だけで見るとそれが正しいように見えますが、それでは「リー」という火の燃え上がるような左手の力強さは理解できません。

3．アン

それから「土」が「アン」です。アンは右足に体重をしっかり乗せ、やや腰を沈め、左手と右足がつながっているのを感じてみます。右手から出て、左手から取り込み「気」は右足に流れます（イラスト4～5）。

4．ファンソン

「金」は「ファンソン」です。ファンソンは「気」が右足から地面に降り、右足を通って全身に地面の気が上昇し、その結果左足を持ち上げる動作になります（イラスト6）。ファンソンはふわーと浮かび上がるような軽さが特徴です。その力は全身に流れます。

手揮琵琶

5. ポン

そして最後が「水」で「ポン」です。ポンの動作は腰を沈め、全身に広がった「気」を臍下丹田に集めるのです（前ページイラスト7）。

このように「手揮琵琶」は、ぴったり「五行」に対応した五つの動作で構成されています。動作を減らすことも付け加えることもできません。

ジー・リー・アンの動作

ここでは站桩功の右手だけを使った形で、ジー・リー・アンの動作を示している。②指先が向かう方向を指し示すように右手を移動させ（ジー）、③そこから腕を立て指先が天を向く（リー）。④〜⑤右を向いて、腕を下ろしていく（アン）。この動作を武術の攻防に用いた動きの写真は124ページに掲載。

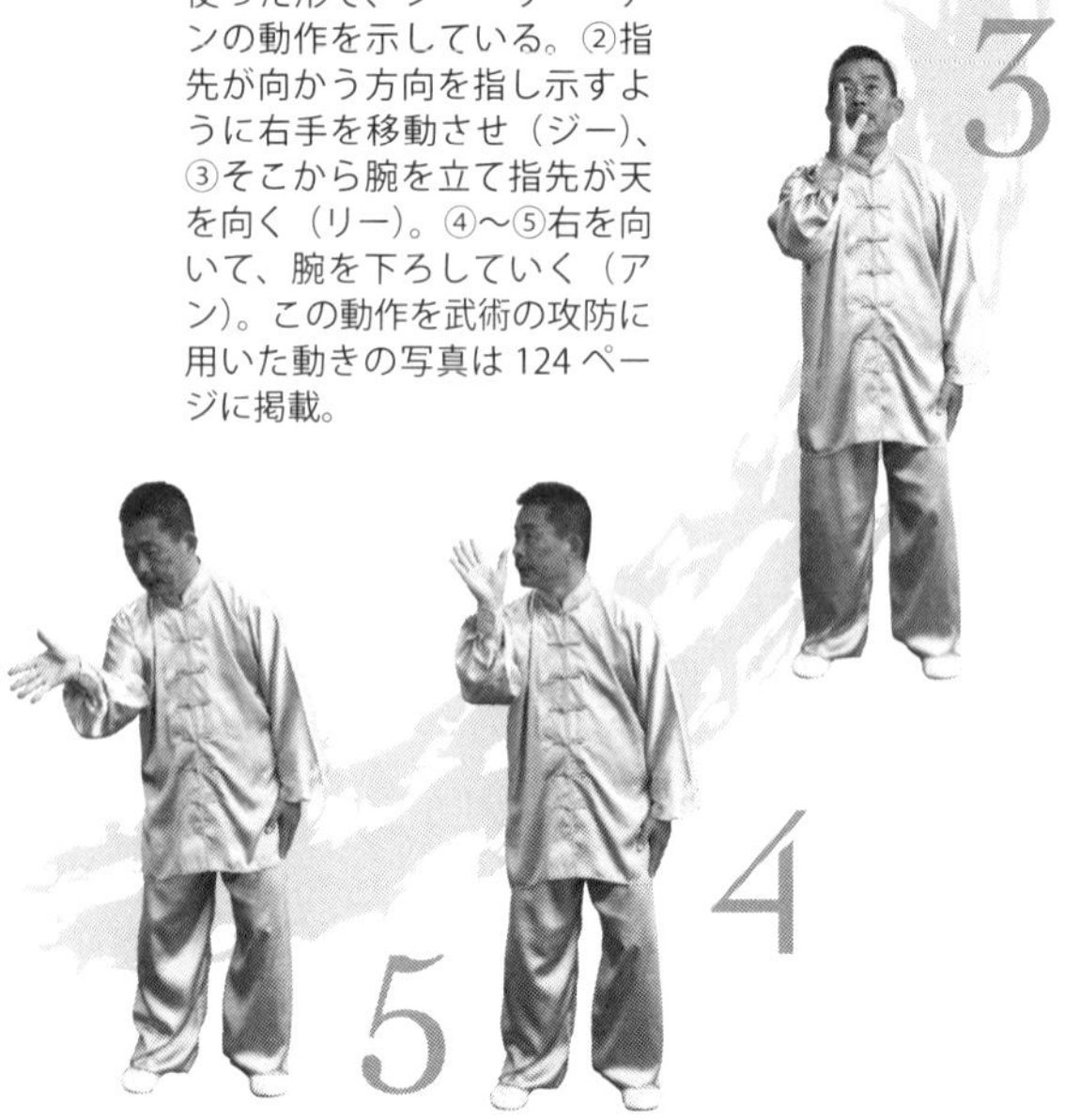

二人練習で理解しよう

1. Aは南を向いて立ち、Bは右手でAの右手をしっかり掴みます（次ページ写真1）。

2. Aは「ジー」と言いながら右手を「陰の腕」にして指先で東の方向（Bの右側の空間）を指します（写真2）。

一般にはこのように敵に手を握られると、つい、振りほどこうと右手を引いてしまいます。それが当たり前の反応ですが、しかしそれでは、腕力の強い人以外は振りほどくことができません。かといって、攻撃してくる相手に向かって真っ向から押していっても、力と力のぶつかり合いになって、それでは太極拳的な練習ではありません。そうではなく、Aは右手の人差し指で、「あそこだよ」というふうに、相手を外した空間に左回りの弧を描いて突き出すのです。

3. Aは続けて「リー」と言いながら右手を「陽の腕」にして指先を空に向けます（写真3）。これが右手で行う「リー」です。「リー」は左手だけの動作ではなく、右手でも縦の円弧を描いて行うことができます。

4. さらに「アン」と言いながら西の方向（Bの左側の空間）に右手を向け、「陰の腕」にして地面を指します。そうです、体重は右足に乗せます（写真4〜6）。

「ジー・リー・アン」を攻防に用いる

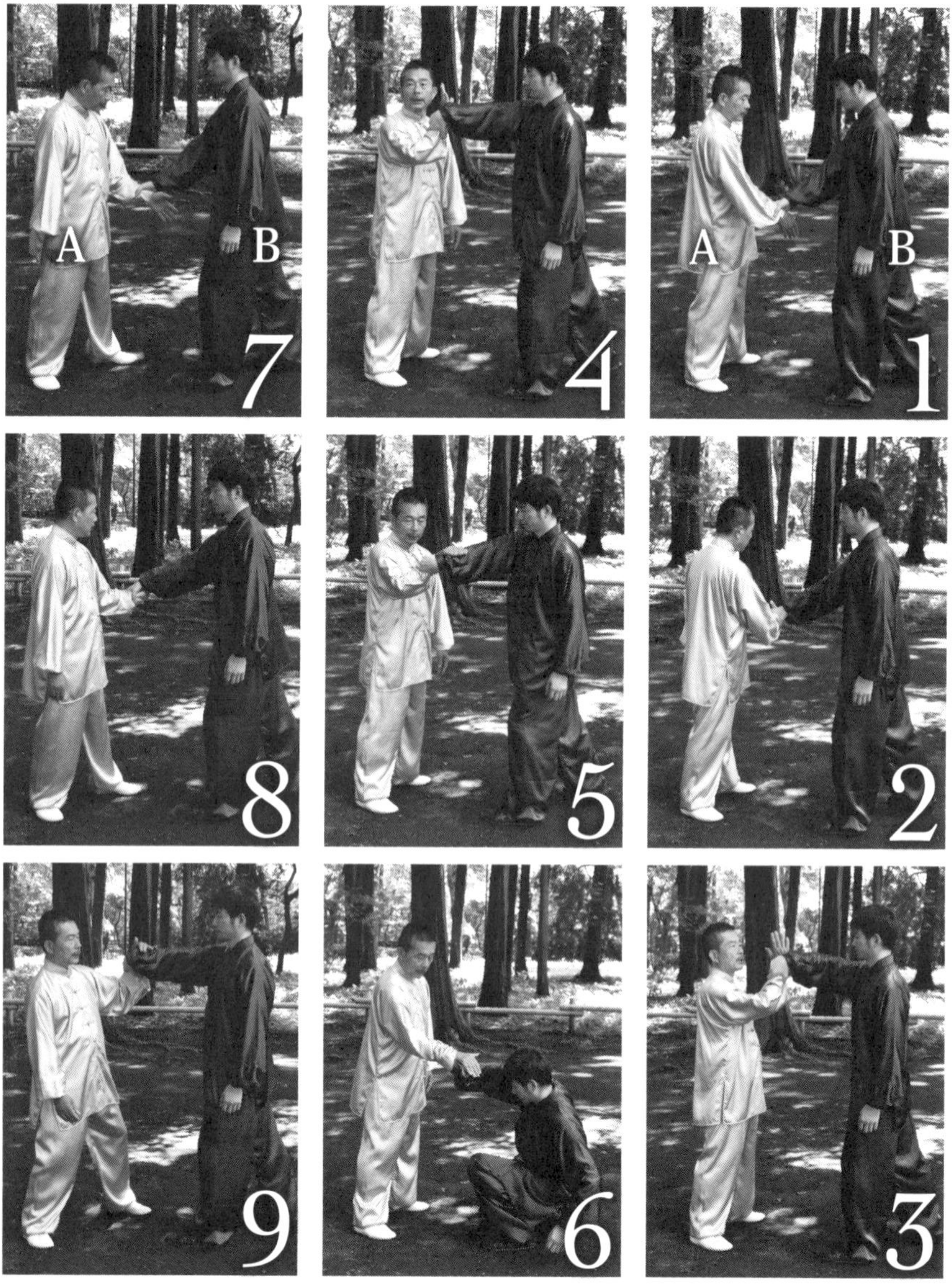

この「ジー」「リー」「アン」の動作だけで、BはAの腕を掴み続けることができず、逆にAはBの右手を掴むことができます。このように、右手だけで攻防を練習すると「右手」の使い方がわかってくると思います。

一般に套路練習ではこのような「手」の変化を行いませんが、必要ない時には隠れているのです。武術的な攻防の動作になると、おのずと必要になってくるのです。套路の時よりも大きく「陰の腕や陽の腕（第1章に解説）」を用います。

5．では同様に、Aは南を向いて立ち、Bは右手でAの左手を掴みます（右ページ写真7）。

6．左手で行う時は、Aは掴まれた左手の先を、Bの腕の東の方に「ジー」と突き出します（写真8）。

7．さらに指先を上方に向け「リー」、そして「アン」で巻き込むように（写真9）「陰の腕」にします（以下、BがAの右手を掴んだ時と同じようにBは崩されるが、写真は省略）。

このように、右手と左手はやや使い方が異なります。「ファンソン・ポン」は次章で説明しましょう。

第11章 丹田力

N老師からの「以心伝心」

私は最初に教えを受けたN老師から、多くのことを学びました。学んだ期間は、わずか1年間でしたが、幸運にも週に3回ほど個人指導を受けていました。

「簡化太極拳」を2時間ほど練習し、終わると、喫茶店でコーヒーを飲む習慣でした。その30分ほどの時間も大切な太極拳練習の一部でした。私の現在の太極拳の理解が、その喫茶店の講義の中で、おぼろげに形作られていったのではないかと思います。そして、ある時、気づきました。N老師から受けた恩恵は「理論」だけではなかったのです。N老師の前に座っていると、私の体に奇妙な変化が生じたのです。

「なんだ、これは？」

お腹が内部から膨れてくるような充実感、一人で太極拳を練習しても得ることはできない感覚でした。それは、私が初めて捉えた「丹田感覚」でした。

「丹田感覚」とは

丹田とは体内にある、「気」の集まるところ、集めるべき場所をいいます。一般に臍下丹田と呼ばれるポイントだけを教えられることが多いようですが、詳しくは頭の中にある「上丹田（泥丸《ニーワン》）」、胸部にある「中丹田」、腹部にある「下丹田」をいいます。私がN老師から受けた強い丹田感覚は「下丹田」

三丹田の図

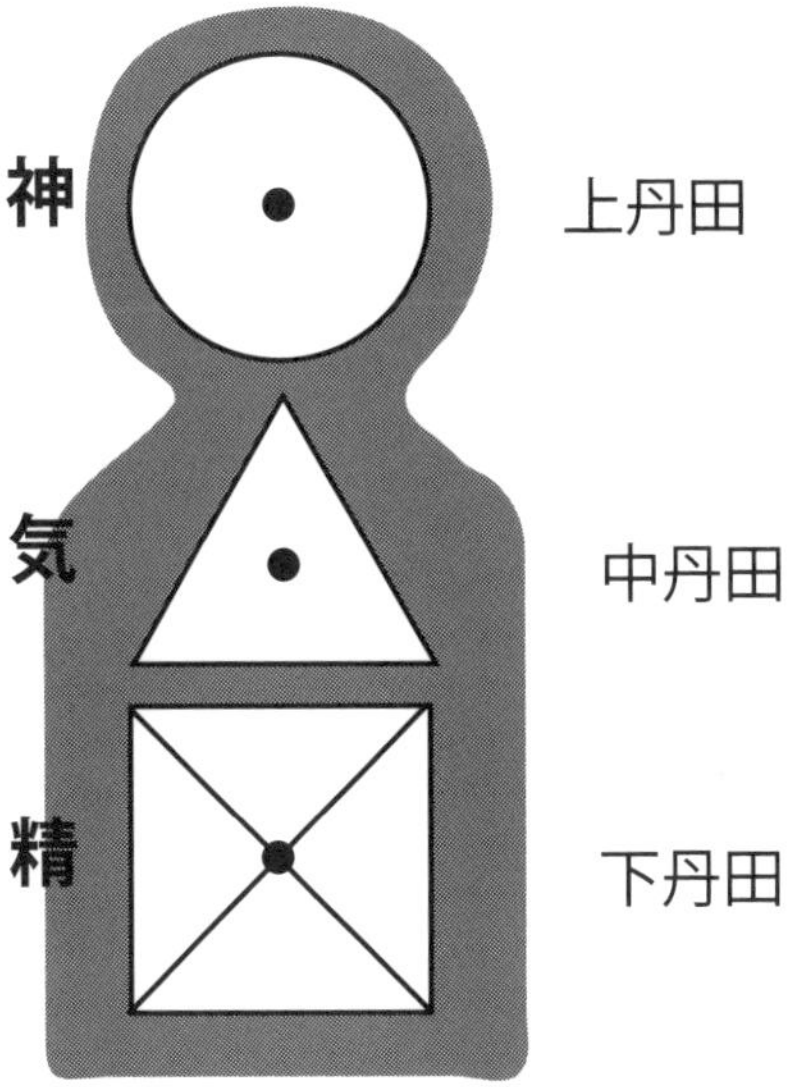

からのものでした。

この三つの丹田にはそれぞれ異なる働きがあります。気功や太極拳の練習で、最初に教えられるのが「練精化気(※註)」という段階です。この段階の鍛錬は足腰の強さを作る段階です。「精」というのは「精力」という言葉で表されているように「性エネルギー」です。足腰を鍛錬し、「精」を強化することによって、「気」のパワーを強化することができるのです。下丹田が「練精化気」を達成するためのセンターです。下丹田に「気」を溜めることによって、自然に動作が太極拳独特の形になります。この下丹田の開発を無視して動作を練習しても「勁力」を理解することはできないでしょう。

※註：古くから教えられている「道（タオ）」の鍛錬法は、1練精化気、2練気化神、3練神還虚、4還虚合道である。

上丹田を開くには

私は、N老師から太極拳を学び始める2年ほど前から「瞑想」を実践していました。当時私は、昼と夜が逆転したような不摂生な生活を長く続けていましたが、体調の悪化を感じるようになり、それを反省し、体質を改善するために瞑想を習ったのです。

その瞑想は、ただ、静かに座って目を閉じて「シンプルな言葉（マントラ）」を心の中で繰り返すという初歩的なものでしたが、朝、夕15分から20分ほど実践していました。

半年ほどその生活を続け、「たばこを吸う習慣」が消えました。

それは上丹田の効果だったのです。上丹田は「泥丸」とも呼ばれています。下丹田の「練精」に対して「練神」という段階にあたります。この丹田の開発も太極拳練習には欠かせないものではないかと私は思います。「神」というのは決して「神様」ではありません。わかりやすく言えば「意念の力」です。

「気」という目に見えないエネルギーは、まず、手足を効果的に動かすことでコントロールしますが、やや高度な方法になると、動作というよりも「意念」を使う要素が強くなります。

「気」は周囲の空間に遍在しています。手で「気」を掴むことはできませんが、「意念」で「気」をコントロールすることができるのです。「気」は注意を向けたところに集まります。「頭」と思うと頭に、足と思うと足に「気」が集まります。そして「気」の集まった場所に「血液」が流れていきます。つまり意念することによって血行を改善し、体質を改善することができるのです。

試しに目をつむって、じっと手のひらを「思って」ください。「てのひら、てのひら」と言葉を繰り返し、思ってもいいでしょう。その状態を3分維持すれば、手のひらが赤くなっているのがわかるでしょう。

服気法＝「気」を取り込む方法

同様に、「ひたい、ひたい」と繰り返し思ってみましょう。額（印堂）は気の取り入れ口です。補助に両手の指先を額に向けてもいいでしょう。

「額」から次に「喉」、「胸」、「お腹」と意念をゆっくり動かしていくことで「気」を臍下丹田に導くことができます。やはり補助に両手をその場所に動かします。初めから「臍下丹田」に注意を向けようとしても「気」はなかなか集まってくれません。

この「意念」を用いる方法を日々トレーニングしていけば、「丹田」の働きを誰に教わらなくても悟ることができるでしょう。

倒巻肱とは

さあ、では太極拳の套路を解説しましょう。第六式「倒巻肱《とうけんこう》（ダオジェンゴン）」は、簡化24式太極拳の套路の第二組の最後です。太極拳の各式（動作）に付けられた名前は大切です。倒巻肱の「倒」は、後ろに下がるという意味と、逆さまという意味があります。この式の基本は「後退歩」です。「巻」は回すという意味です。そして「肱」は「肘《ひじ》」という意味で、後ろに下がりながら肘を回すという意味になります。回し方は逆回しです。

何が「順」で何が「逆」の回しなのでしょうか？　手の回しは内側から外側に回す動作と、外側から

「順」の回しと「逆」の回し

①〜④は、手を内側から外側に回す「順」の回し。⑤〜⑧は後ろ側から前に回す「逆」の回し。「倒巻肱」の手の回し方は逆回しである。

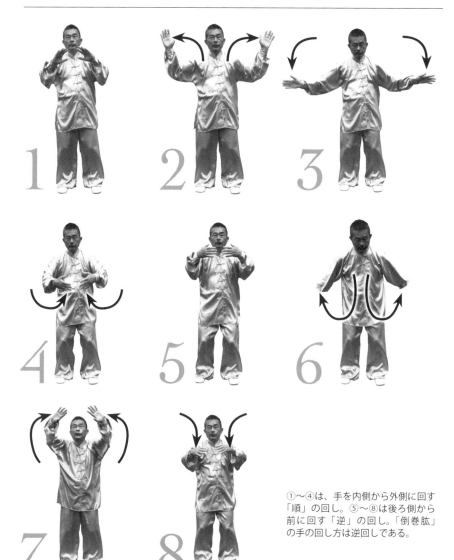

内側（または後ろ側から前）に回す動作があります（右ページ写真1〜8）。「倒巻肱」の動作は、一歩下がりながら肘を後ろから前に回す動作なのです。

倒巻肱（右倒巻肱）

0．手揮琵琶の定式から始めましょう（次ページイラスト1）。

1．ジー

まず「待った！」と左手で、相手を制するような動作を行います。同時に上体はやや左に回ります（イラスト2）。

2．リー

「お手を拝借！」と右手は、弧を描くように後ろのほうに動かします。その動作と同時に腰はわずかに右に回り、両手のひらがやや上に向きます（イラスト3）。

3．アン

「敬礼！」と、右手を額に近づけます。右手の「合谷《ごうこく》」（親指と人指し指の付け根の間にあるツボ）がこめかみに向きます（イラスト4）。

倒巻肱（右倒巻肱）

4．ファンソン
ややや両肩甲骨を近づけるようにして、左足をわずかに持ち上げ、両腕を持ち上げ、小さく弧を描くように動かします。それから左足を後ろに引き、つま先から着地します（イラスト5～6）。

5．ポン
最後に、右手が胸の高さ、左手がお腹の前に、そして、右足はタバコの火をもみ消すようにつま先を内側に回します。この時、左手の「合谷」と右手の「労宮」を向かい合わせます（イラスト7）。

倒巻肱の武術的用法＝ファンソンを利用しての攻防

1．Bは右手でAの左手を強く握ります（次ページ写真1）。

2．ジー
Aは握られた左手の先で「待った！」と、Bの右腕の外の空間に向けます（写真2）。

3．リー
続いて左手を回し、上体を右に回して、掴まれたBの右手を掴み返します（写真3～4）。

倒巻肱の武術的用法

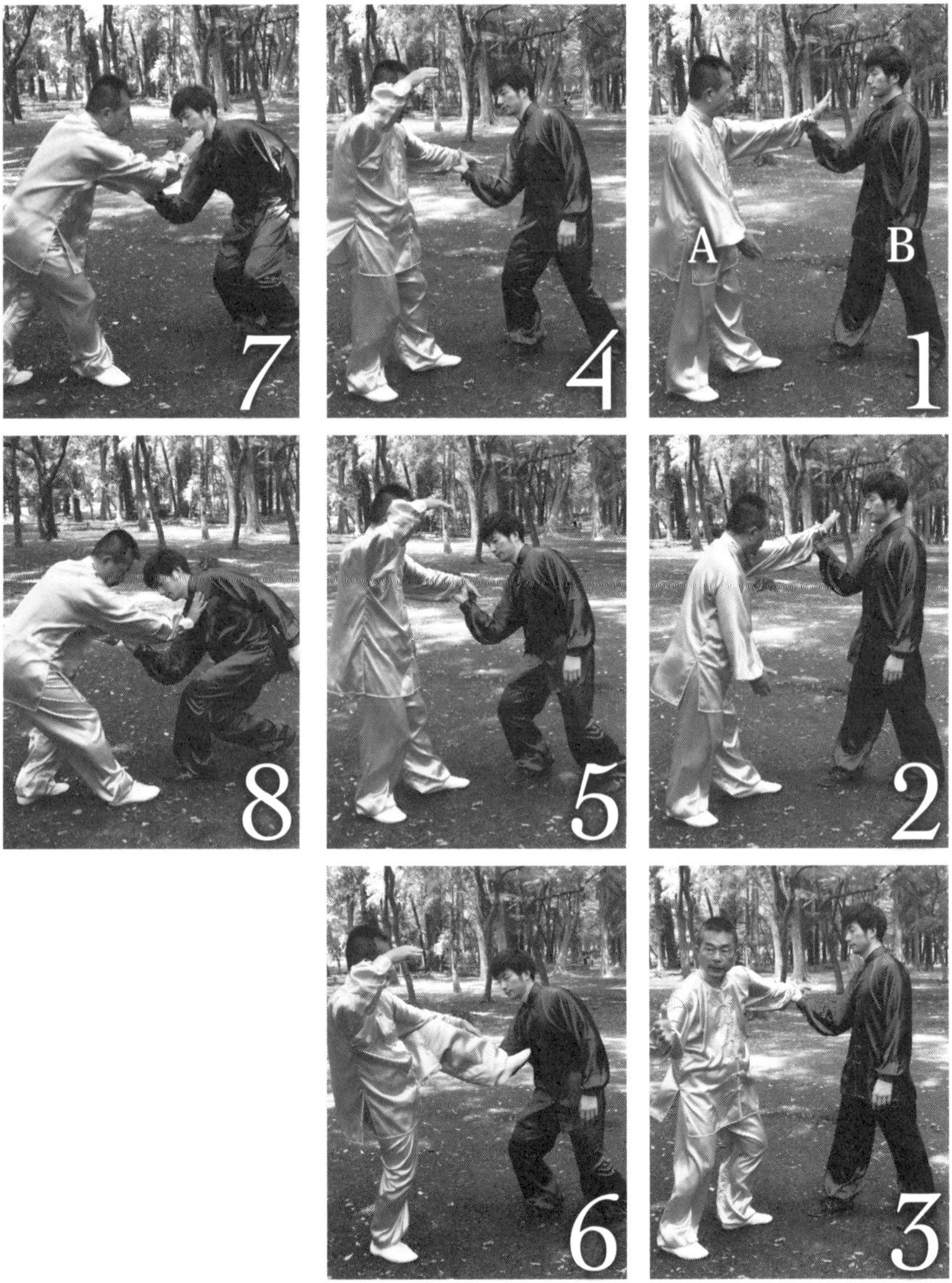

4．アン

さらに、上体をしっかり相手に向くように回し、左手で掴んだBの腕を押さえます（写真5）。

5．ファンソン

体をわずかにのけ反らせ、左足を持ち上げ、左足の分脚《フェンジャオ》で相手の腹部を攻撃することもできます（写真6）。やや前傾させながら一歩後ろに引き、相手を引き寄せ、右手はこめかみの辺りからBの胸を狙います（写真7）。

6．ポン

体重を後ろの足に乗せ、上体をまっすぐ立て（立身中正）、左手をやや引き、右手でBの胸を打ちます（写真8）。

ファンソン（放鬆）の解釈

ファンソン（放鬆）という言葉は、一般にリラックスするという意味に捉えられていますが、私が五行の動作として説明する「ファンソン」は少し意味合いが異なります。ではどんな意味なのかというと、上体の力を緩め、わずかにのけ反るのです。

私はファンソンを五行（木・火・土・金・水）の「金」に当てはめて理解しています。「金」は地中から採掘されます。しっかり「アン（土）」で腰を沈めた後、体をややのけ反らせて「ファンソン」を行うのです。その動作の後、上体を起こす時に両腕に「強い力」が流れるのです。これが地面から力を持ち上げる方法です。

……かなり「独断と偏見」に満ちた発言といえますね。「真北老師は変なことを言っている、ハハハッ！」と笑い飛ばしていただいてもいいですが、この理解から、太極拳は一気にグレードアップすることができるのです。

第12章 「ダウン・アップ」と「五行の鶴」

套路の解説は終了

ここまで、制定拳「簡化24式太極拳」を取り上げて説明してきましたが、今回の「左倒巻肱」で套路の解説は終了します。あえて套路を最後まで解説することはしません。私が思うに、これで十分ではないかと思うからです。これまで詳解してきたところ（第一組・第二組）が、太極拳の基礎作りをする部分です。24式太極拳はとても理路整然と編成されていて、最初は易しく、次第に難易度が上がるように作られているのです。要は、それぞれ24種類の動作が、まったく同じパターンで作られているので、一つ一つの架式をしっかり分析して理解できるようになれば、残りの部分もおのずと理解ができてくるでしょう。もちろん機会があれば、残りの組も最後まで詳説していきたいとは考えています。

1＝2＝3

私たちは太極拳の運動を、ジー・リー・アン・ファンソン・ポンという5種類の動作で理解してきました。それは古くから教えられている、「五行」に当てはめて分析した結果です。「陰陽・五行」と呼ばれることもあります。「陰陽」は物事を二区分して理解する方法で、「五行」は物事を五つに区分する方法です。

2（陰陽）＝5（五行）、つまり、2＝5という等式は一般の数学（算数）では正しくありませんが、太極思想では正しい理解なのです。

1は太極、2は陰陽、3は三才（天地人）、4は四象（起承転結）、そして5は五行（木火土金水）です。それはどれも、複雑に思える様々な現象を理解するための捉え方ですが、1＝2＝3＝4＝5（※註）と捉えることができます。

この「数学」をどう理解すればいいか、簡単です。一個のケーキをどう分割するかということなのです。「道《タオ》」の始祖、老子の道徳経にも「道《タオ》は一を生じ、一は二を生じ、二は三を生じ、三は万物を生じる」と説いています。

※註：これは「コーヒーカップ」と「ドーナツ」が同じとする「トポロジー数学」の考え方。
形の異なるこの二つの共通点は、粘土を捏ねて作ってみればわかるが、穴が一つ空いているということだ。

ダウンとアップ

複雑多様な動作と思われる太極拳運動は、深く分析すると、ただ、2種類の動作で理解することができます。それを私は「ダウン」と「アップ」と表現します。

このことは、一度わかってしまうと、ごく当たり前だと思うのですが、私たちはどうしても多様な現象にとらわれて、本質を理解することが難しいのです。本質とは「天地をつなぐ」という理解です。私たちの頭上には「天」があり、足元には「地」があるのです。

では、両手をバンザイの状態にして立ってみましょう（次ページイラストA）。人体には「気」の流れるルートがあります。太極拳や様々な武術は、経絡（十二正経・奇経八脈）を流れる「気」の働きを基本に作られています。その流れは目で見ることはできませんが、まず簡単に理解してみましょう。両手をバンザイした時に、上から下に流れるルート六本を「陽経」と呼び、下から上に流れるルート六本

ダウンとアップ

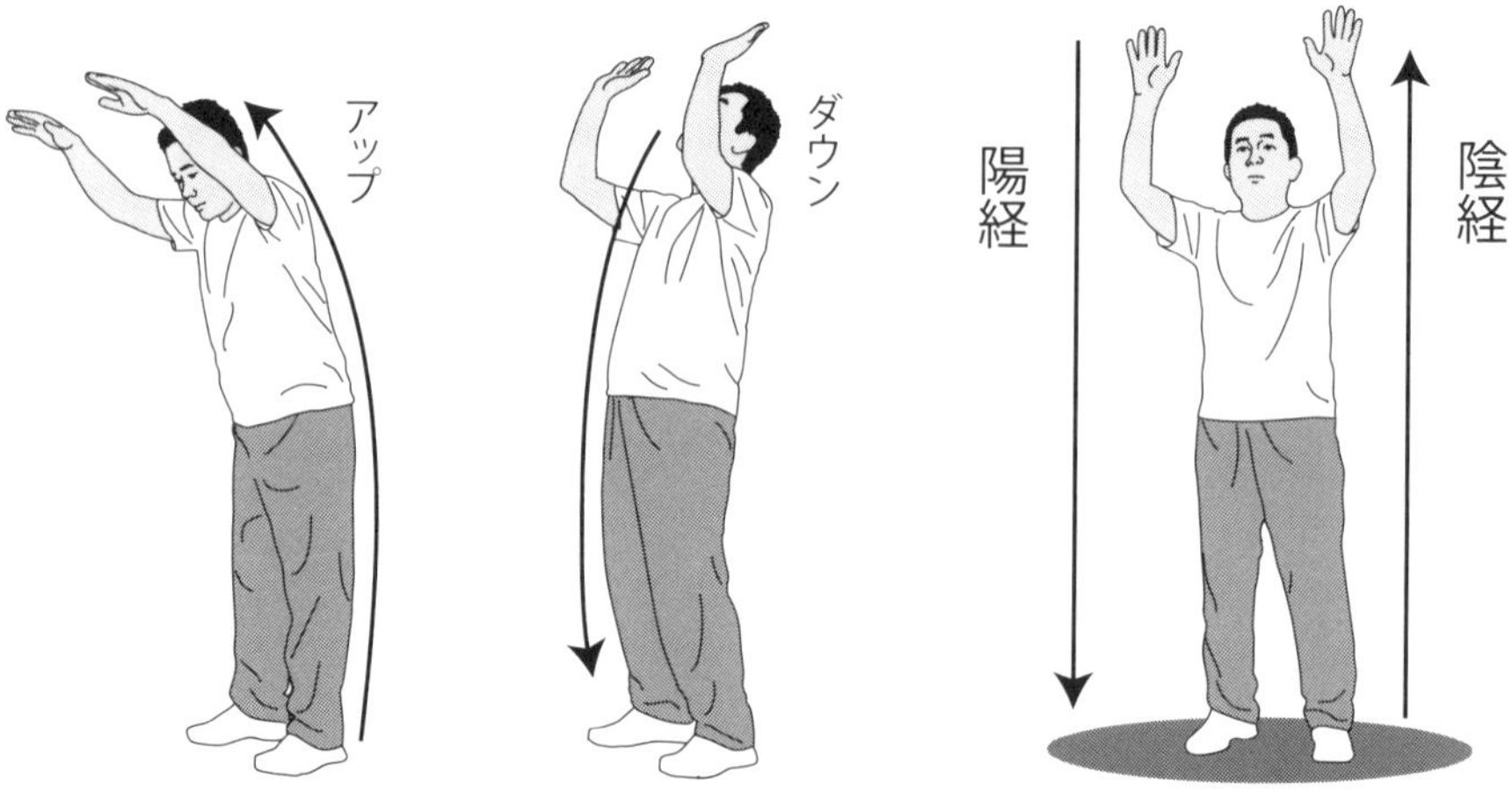

イラストA　イラストB　イラストC

を「陰経」と呼びます。

さあ、それではイラストBのような、ややのけ反って、両手で何かを支えるような姿勢を取ってみましょう。この姿勢を取ると、両手から両足先まで通っている六本の陽経と体の前面に通る「任脈」が働きます。この状態を私は「ダウン」と命名しました。

次に、前傾して両手を前方に突き出すような姿勢になります(イラストC)。この状態を「アップ」と呼びましょう。この姿勢では、足元から両手に流れる「陰経」と尾骨から上あごまで流れる「督脈」が通ります。まるで敬虔なる信徒が神に祈りを捧げるような動作です。これは決して「宗教」の儀式ではありませんが、太古の頃には「宗教」と「武術」の違いは存在しなかったのでしょう。

若い頃、私は合気道の開祖、植芝盛平が杖を天に向けて捧げ持つ姿勢を写真で見て、「なるほど!」と共感を覚えました。「アップ・ダウン」

の原理はスポーツでは、サッカーの「スローイン」、バレーやバスケットボールの「トス」の動作に用いられています。このような動作が武術では「勁力」と呼ばれるのではないでしょうか。

五行の鶴

前著『太極拳のヒミツ』では、私が30年ほど前に兪棟梁老師から教わった「天地の呼吸」を「起・承・転・結」の四分割で紹介していますが、今回、その呼吸法を発展させた、「五行の鶴」というエクササイズを紹介しましょう。このエクササイズは「二分割」「三分割」「四分割」「五分割」のどれでも理解することができます。太極拳のすべての套路に含まれるパターンですから、これはかなり重要な、太極拳理解のための「基本功」といえるでしょう。

站桩

まず、站桩功で立ちます。

1．ジー

上体をやや前傾させ、息を吐きながら両手を前方に突き出します。大切なものを手に持って、差し出すような気持ちです（145ページイラスト1～2）。この部分は力が背骨から手に流れますから、「アップ」です。

2．リー

次に、上体をのけ反らせ、息を吸いながら両手の指を額の「印堂」に向け、首のところに下ろしてきます（イラスト3～4）。つまり「ダウン」です。この二つの部分を「起」と分析することができます。

3．アン

さらに息を吐きながら両手を両脚の付け根まで下ろしていきます。胸の「膻中」に向け、腹部まで下ろします（イラスト5～7）。この部分は「ダウン」であり「承」にあたります。三分割では、ここまでが「天」です。

4．ファンソン

フーと息を吐き、上体をのけ反らせ、両手は腰骨の辺りに向けます。それから息を吸いながら両手を陽の腕にして、上体を前傾させ、大きな円弧を描き頭上に持ち上げていきます（イラスト8～11）。足の裏まで下りた力が上昇するところですが、「ダウン・アップ」です。そしてこの部分を「転」と呼ぶことができます。地面の力が上昇してきますから「地」と分類できます。

5．ポン

上体は立身中正の姿勢になり、提肛して「気」が丹田に収まるのを感じます（イラスト12）。この

五行の鶴

部分は「ダウン」で、「結」、「人」にあたります。「ポン勁」は、まさにこの時発生する力です。

以上の動作を何度も繰り返し練習しましょう。練習すればするほど、体内に「気」のエネルギーが濃縮化してきます。そうなれば、太極拳の動作は理解がたやすくなるでしょう。

倒巻肱（左）

さあ、倒巻肱の套路解説です。

1. 定式

右倒巻肱の定式から始まります（左ページ写真1）。

2. ジー

右手を前方に「待った！」というふうに突き出します（写真2）。

3. リー

両手で「お手を拝借！」というような形でこめかみの高さに開きます（写真3〜4）。

倒巻肱(左)

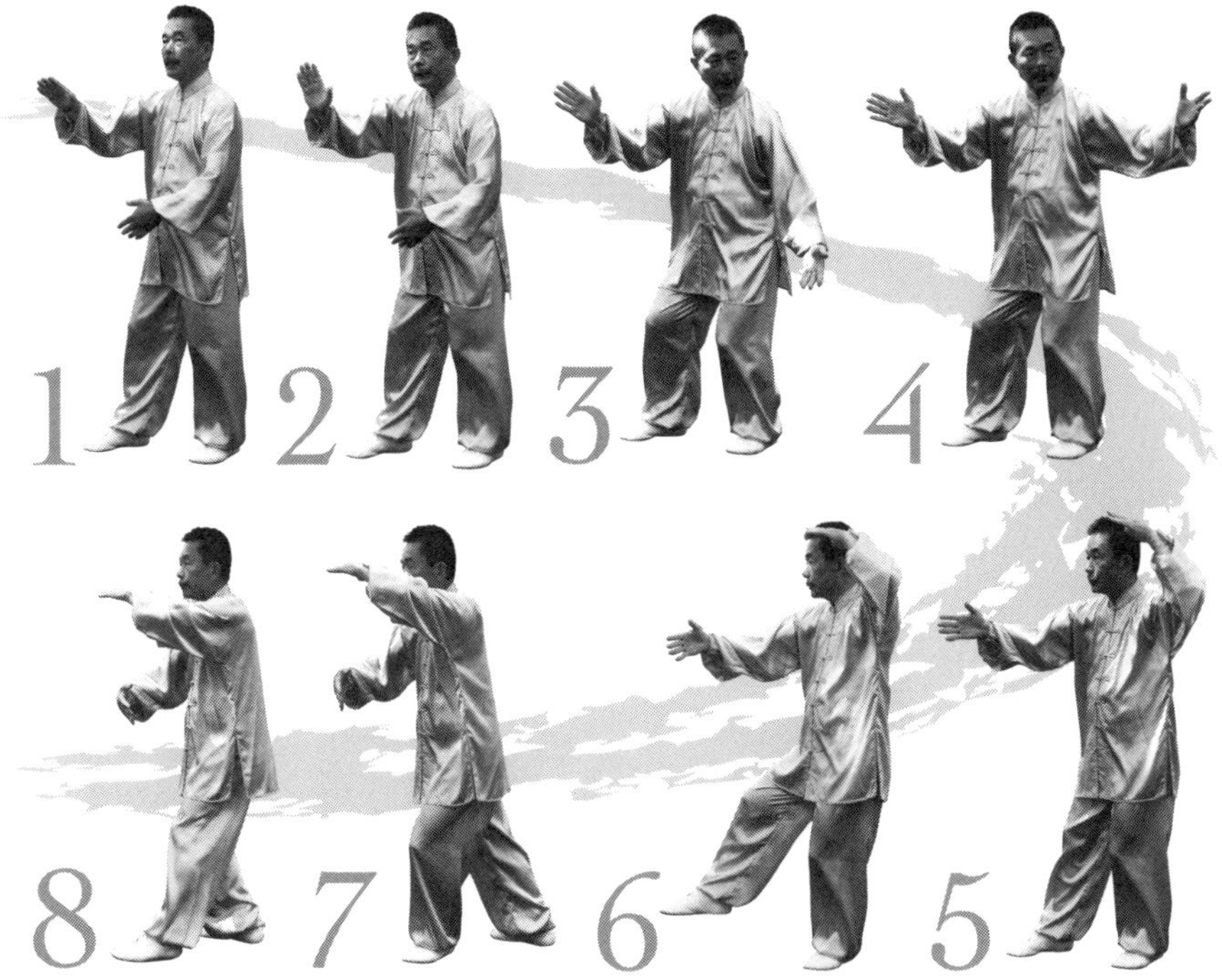

4. アン

次に、「敬礼！」というように、左手をこめかみに近づけます(写真5)。

5. ファンソン

右足を一歩後ろに引き、つま先から着地します(写真6～7)。

6. ポン

重心を右足に移し、左足先を回し、右手を腰のそばに引き寄せ、左手を前方に出します（写真8)。

ファンソン・ポンの勁

「ファンソン」は「力を抜くこと」

である、と一般に理解されています。それはもちろん正しい理解ですが、ただ、五行に当てはめた「ファンソン」には少し異なる意味が含まれています。一般のファンソンの理解は「ダウン」だけですが、五行に当てはめたファンソンは「ダウン・アップ」なのです。

1. Aの両手をBはしっかり掴みます（左ページ写真1）。

●ファンソン

2. Aは掴まれた両手首を反らせ、「陽の腕」にします。両肩甲骨を引き締め、ややのけ反るようにして力を地面に落とします（ダウン）（写真2〜3）。

3. さらに掴まれた両腕を「陽の腕」にしながら、円を描くように頭上に上げていきます（アップ）（写真4〜5）。

●ポン

4. 両腕を肩幅に閉じ、「陰の腕」で腰を沈めながら下げていきます（ダウン）（写真6〜8）。

5. Aが定式になると、Bは後ろに飛ばされます（写真9）。

ファンソン・ポンの勁

第13章　「太極図」のヒミツ

ヒミツはすべて太極図の中にある

私は兪老師から太極拳を習い始めて半年ぐらいした頃、兪老師の太極拳動作は、完璧にワンパターンな動作を繰り返していることがわかってきました。そうです、8の字を描くように両手を動かしていたのです（このエピソードは前著『太極拳のヒミツ』で紹介しています）。

私は何度か老師にその「8の動作」の説明を求めたのですが、言葉で説明されることはなく、いつもはぐらかされてしまいました。私が8を套路の動作に当てはめて練習するのを見て、「ヤメタホウガイイデス……ソレハマダ早イヨ」と何度かアドバイスされました。しかし私は老師に隠れて8のチャレンジを続けました。……今考えると、当時はどうしようもない誤りを繰り返していました。確かに時期尚早だったのです。

8について教えることがなかった老師でしたが、ただ一度だけ、「太極拳ノ動作ノヒミツハ、スベテ太極図ノ中ニアルヨ」と私たちに教えたことがありました。

当時、私は杉並の善福寺に住んでいましたが、私たちは週に二度ほど、近くの善福寺公園で兪老師から指導を受けていました。

ある日、いつものように2時間の練習が終わった後、私の住むアパートに全員が集まって、特別に「図形の講義」を受けたのです。それは私が兪老師から太極拳を9年ほど学んだ中で、ただ一度きりのことでした。

太極図の描き方

兪老師は私の提供したデザイン用コンパスにロットリングペンを挟み、A4ほどの画用紙に大きく円を描き、その円の中に小さな二つの円を描きました。その小さな二つの円の中心にさらに小さな円を描き、そして、その輪郭を墨汁で塗りつぶして、美しい太極図を完成させたのです。

「コレハ『後天ノ太極図』デス。黒イ勾玉ガ右上デ陰ヲ表シ、白ガ左下デ陽ヲ表シマス。反対ニ、白ガ右上デ黒ガ左下ノ太極図ハ『先天ノ太極図』トイイマス。ドチラモ正シイ、デモ太極拳ハ『後天ノ太極図』デナイトダメ」

兪老師の日本語は、生活にほとんど支障のないものでしたが、強い中国訛りの日本語でした。

兪老師の説明によると、「先天の太極図」に従って動いても太極拳にならないというのです。先天の太極図は、右が白い魚で、軽い「気」を表します。左が重い「気」です。軽い「気」は上昇して重い「気」が下降すると、黒い魚と白い魚は絡まりあうことがないのでだめだというのです。

それに対して、後天の太極図（154ページ図1）は黒い魚が右上にあり、白い魚が左下にあり、重い「気」が白い魚の上に圧し掛かり、白い魚は下から黒い魚を押し上げる格好で、回転運動が起こるのだと説明してくれました。

私はその時、なんだかわかった気になったのですが、もちろん太極拳の動作とはかけ離れており、図形をすぐに生かすことなどできませんでした。また、8の字運動と太極図がどんな関係になるのかは、皆目見当がつきませんでした。しかし私は、この「不思議な講義」を忘れることができませんでした。

太極図を描くには

太極拳のすべての動作は「直線的」ではなく、緩やかに曲線を描くように動作が続きます。さらにその動作は、1年が四季で構成されているように、あるパターンを順に繰り返しています。太極拳の套路を一通り学んだら、それぞれの動作がワンパターンな要素からできていることを理解していくべきです。

太極図とその原型

図1

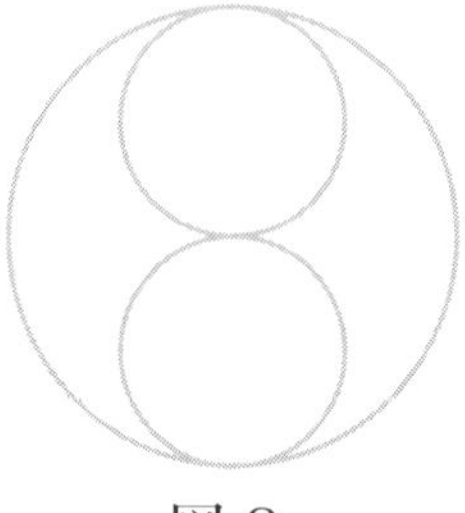

図2

そして、そのパターンを示したものが「太極図」なのです。太極図（上掲図1）の原型は図2のような三つの円が組み合わされた図形です。

本編の締め括りとして、太極図と8の字の運動の体得法について解説しておきたいと思います。

予備練習1 ―目の前の見えないキャンバスに「○」を描く

練習は最初から太極マークの形を描くのではなく、最初は円を描くことから始めましょう（左ページ図3）。

円を描く

「○」「8」を描く

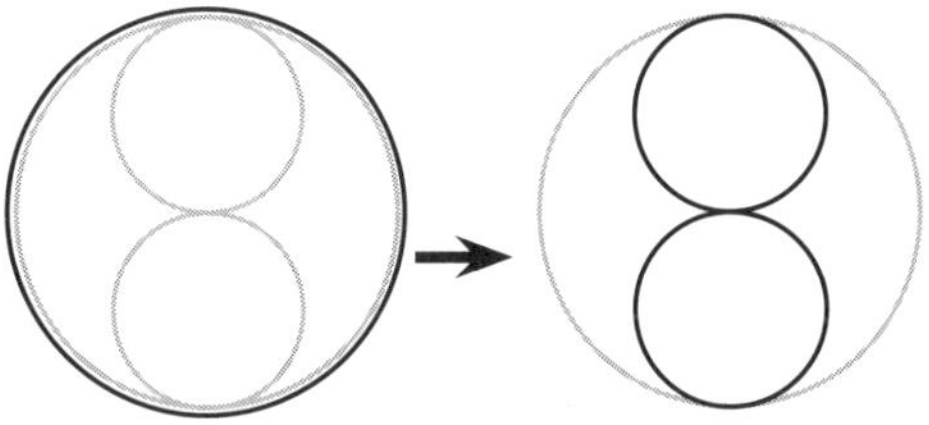

図３　　図４

1. 足は肩幅に開き、リラックスして立ちます。
2. 画家が大きなキャンバスに向かうように、右手を剣指（左掲イラスト1）にして、まず、自分の目の前の空間に見えないキャンバスをイメージしてみてください。キャンバスに大きな左回りの円をイメージで描いてみましょう（イラスト1〜3）。何度か描いたら、今度は右回りの円を描いてみましょう。

●ワンポイントアドバイス●

剣指にした右手の人差し指と中指は揃えて、しっかりと伸ばしましょう。前腕や上腕よりも、注意をこの二本の指先に集中して

「〇を描く」動作を行います。

予備練習2　―「8」を描く

「8」は縦に並んだ二つの円で構成されます（前ページ図4）。その「8」を描く練習です。

1. 8の上の円の右上の位置（自分から見て）から、右手の剣指でSのカーブを、二つの円の接合点まで左回りの弧を描きます（左ページイラスト1～2）。

2. 続いて、8の中心から下に右回りの弧を描きます（イラスト3～4）。

3. そのまま、右回りで8の中心まで描き（イラスト5～6）、

4. 円の中心から左回りの弧を描き、最初の地点に戻ります（イラスト7～8）。

こうして、何度も8の動きを繰り返しましょう。

「8」を描く

●ワンポイントアドバイス●

8を描く動作の中で最も重要な点は、前ページイラスト2のように8の字の中心に向けて右手を動かす形です。この手の形は「陽の腕」の変形です。イラスト3～5の動作は前腕が「陽の腕」になり、イラスト6～8では「陰の腕」になり、上腕が動作を導き、最後にまた指先が動作を導きます。

「○」を描く時はそれほど特別な意識は要りませんが、「8」を描く時は筆で抑揚のある文字を描くようにしましょう。つまり「腰」が入るのです。逆の8を練習する必要はありません。

「8」の動作を攻防に生かす二人練習

1. Bは Aの右腕を両手で力いっぱい掴みます（左ページ写真1）。
2. Aは右手を剣指にします（ジー）（写真2）。
3. 右手首を反らして剣指を上に向けます（リー）（写真3）。
4. さらに剣指で右の空間を指し、地面を指します（アン）。同時に、左腕で相手の右腕を押さえます（写真4～5）。

8の動作を攻防に生かす

5. Aは右手を回して「陰の腕」にし、Bの左腕の内側に差し込み（ファンソン）（写真6）、

6. 発勁します（ポン）（写真7〜8）。

「太極図」を描く

さあそれでは、太極図を描いていきましょう（左掲図5〜7）。太極図は大きな円をS字に分割したと捉えてもいいでしょう。すると「陰の勾玉」と「陽の勾玉」が描けます。最初は右手だけで「陰の勾玉」と「陽の勾玉」を描く練習をしましょう。図7は太極図の完成形ですが、「陰陽の勾玉」をしばら

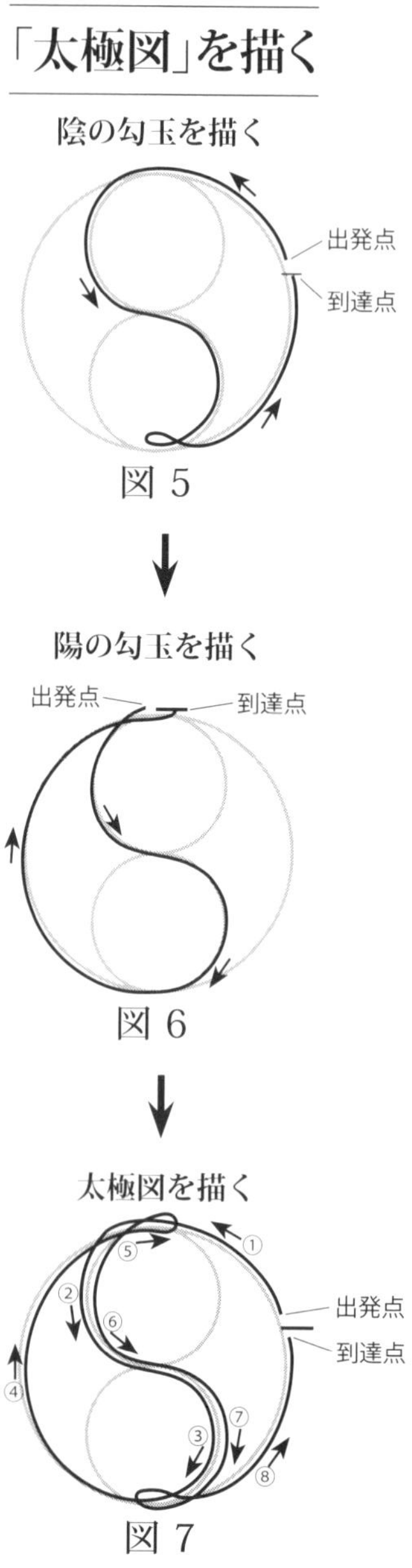

「太極図」を描く動き

く練習した後でないと意味がありません。しばらくはイメージトレーニングだけでもいいでしょう。

1.円の中心に入ります。最初は、円の右周辺に右手の剣指を置き（上掲写真1）、頭上に向かって左回りの円を描いていき、頭上から、円弧を狭めて円の中心に入っていきます（写真2〜3）。

2.「8」を描いた時と同じように右手の指先は円の中心から右回りに下りていき、大きな円の円周を描いていきます（写真4〜5）。

3. 大きな円周を上まで描き、次に鋭くえぐるように円の中心に入っていきます（写真6）。

4. もう一度大きな円周に下りていき（写真7）、

5. 最後に大きな円周を左回りに上り、最初の位置に到達します（写真8〜9）。

太極図を描く練習は、はっきり言って、易しくありません。一度や二度のチャレンジでは決して理解できないと思いますが、あきらめてはいけません。最初はイメージだけで太極図を描くことを繰り返すだけでもいいでしょう。潜在意識に叩き込むのです。私は試行錯誤で30年間これを続けました。

特別編

アップダウンの前進歩

前進歩（上歩）とは

私たちは日常「歩く」ことに関して、特に考えることなく、当たり前のように行っています。足が不自由でリハビリをしている人以外は、特に歩く練習は必要ありませんね。しかし太極拳を練習する時には、「基本功」として太極拳式の歩法を学んでいく必要があるのです。前進歩は中国語では「上歩《シャンブー》」と呼ばれています。

この歩法は、中腰で一歩一歩地面を探るように歩いていかなければいけません。そのことは昔から「薄氷を踏むように」とか「泥沼に足を取られながら歩くように」とか教えられます。そのような歩き方は昔の日本人には当たり前だったようです。それは「ナンバ歩き」と呼ばれ、ある解釈によると、険しい山道など、「難所」を探るように歩く歩き方です。

この歩き方の特徴は、私たちが日常行っている歩き方のように「両手を振って歩く」のではないということです。「両手は地面を探るように」することを理解しなくてはいけません。

現在、著者は吉祥寺の井の頭公園などの「青空教室」で太極拳を指導している。

地面の「気」を感じる

「前進歩」を紹介する前に、地面の「気」を両手で感じ、全身に気を巡らせるエクササイズを紹介しましょう。まずそれだけを練習してみましょう。それではイラスト1のように、ややしゃがみ気味の姿勢で両手を地面に向けて「地の気」を感じてみましょう。

「アップダウン」実践法

1. 足は肩幅に開き、両膝をやや曲げた姿勢で立つ。両手は「陽の腕」にして、手のひらが地面に向くようにします。この姿勢が「ダウン」です（イラスト1）。この時は、「沈肩墜肘」「含胸抜背」という姿勢の注意点を守ります。

2. 次に、その状態から息を吸いながら、ゆっくり両手を頭の高さまで引き上げます。持ち上げられた両手は「陰の腕」になります。この姿勢が「アップ」です（イラスト2）。こ

「アップダウン」実践法

の姿勢になる時には「沈肩墜肘」「含胸抜背」は要りません。両肩はやや上がり、両腕も球を抱えるように丸くなります。

3. この二つの姿勢を繰り返します。「アップ」から「ダウン」になる時に息を吐き、姿勢が下がり、ダウンからアップになる時にやや膝が伸び、高い姿勢になります。

4. 以上をゆっくり繰り返します。

●ワンポイントアドバイス●

手は高性能のセンサーです。このエクササイズを行う時は、手のひらを地面に向けて地面を探るようにして行います。その姿勢のまま、しばらく静止状態を保ちます。

両手に注意を向けてしばらくすると、手のひらと地面がつながったような感覚がしてくるのではないでしょうか（あまり最初から結果を教えてしまってはよくありません、これ以上はあなたの練習で発見してください）。

それから、そのつながった感覚を保ちながら両手を引き上げていきましょう（まるで「となりのトトロ」の世界です）。頭の高さまで上げたら、今度はゆっくり下ろしていきましょう。

「アップダウンの前進歩」実践法

アップ

1. 進行方向（東）を向いて立ちます（次ページイラスト３・図１）。

2. 両手を陽の腕にし、やや上体が東北になるように回り、体重が右足に１００パーセント乗ります（イラスト４・図２）。

3. 左足を一歩前に出し、かかとから着地して「左虚歩」になります（イラスト５・図３）。

4. その状態からゆっくり体重を左足に移動し、その移動に合わせて両手を持ち上げていきます（イラスト６）。

5. 体重が左足にしっかり乗り、左弓歩になった時、両腕は頭上の高さになります（イラスト７・図４）。
ここまでの動作が「アップ」です。

「アップダウンの前進歩」実践法

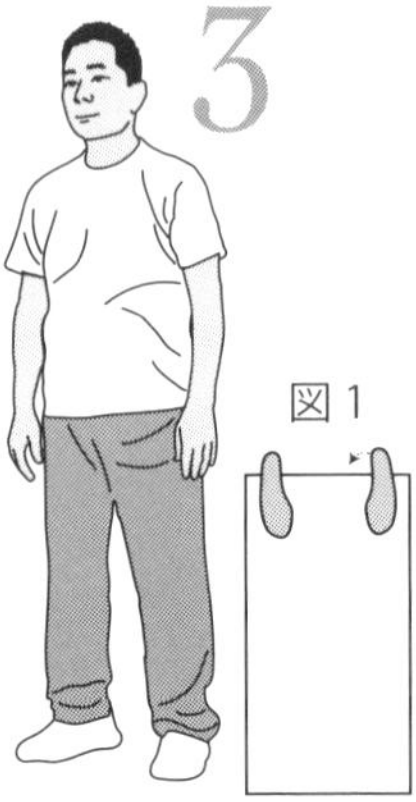

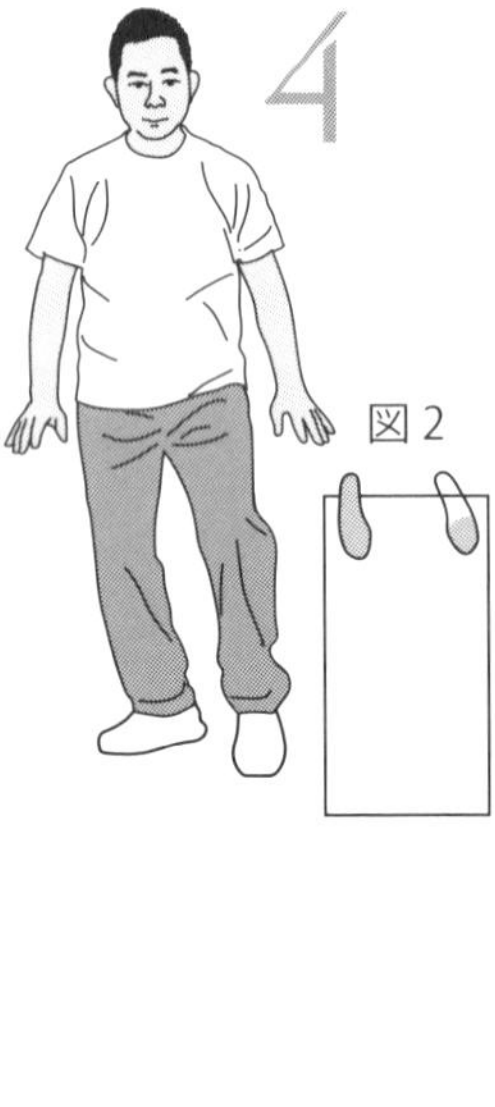

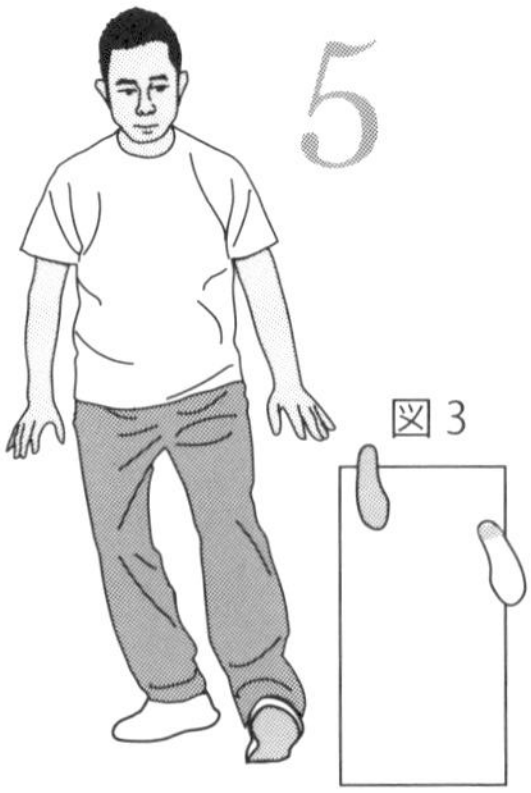

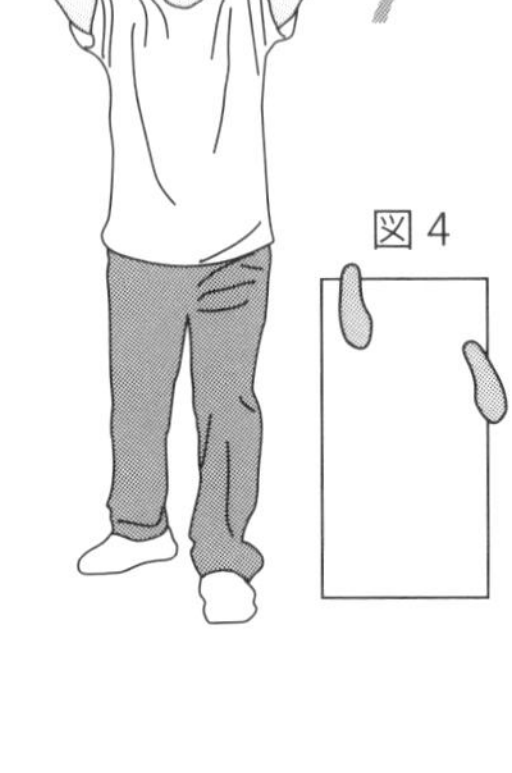

ダウン

6．頭上に持ち上げた両腕を下ろしながら、上体を東南に回し、右足を左足のそばに引き寄せる。この歩形は右丁歩です（イラスト8〜9・図5）。

7．さらに上体を東南に回しながら体重を左足にしっかり乗せ、右虚歩の歩形になります（イラスト10・図6）。

8. 両手をゆっくり持ち上げながら体重を右足に乗せ、右弓歩になります（イラスト11・図7）。

9. 両手を下げながら、左足を右足の内側に引き寄せ、左丁歩になります（イラスト12〜13・図8）。

10. 左足を一歩前に出し「左虚歩」になり、同様に前進していきます。

二人練習

1. Aは両膝を曲げ「ダウン」の基本姿勢で立ちます。

2. BはAの両手をしっかり掴みます（写真1）。

3. Aは体重を右足に乗せ、左足を一歩前方に出します。「アップダウンの前進歩」で練習したようにゆっくり前進しながら、両手を上げていきます。すると、Bは後ろに飛ばされます（写真2〜4）。

4. 今度は頭上に上がっているAの両腕を、Bがしっかり掴みます（写真5）。

5. Aは一歩前進しながら両手を下げていきます。すると、Bは地面に強く沈み込みます（写真6〜8）。

6. 同様のエクササイズを、AとBは役割を替えて同様に練習してみましょう。

●ワンポイントアドバイス●

二人練習で、AはBを「押そう」としてはいけません。一人で前進歩を練習する時と同様に、動作す

アップダウンの前進歩を攻防に活かす

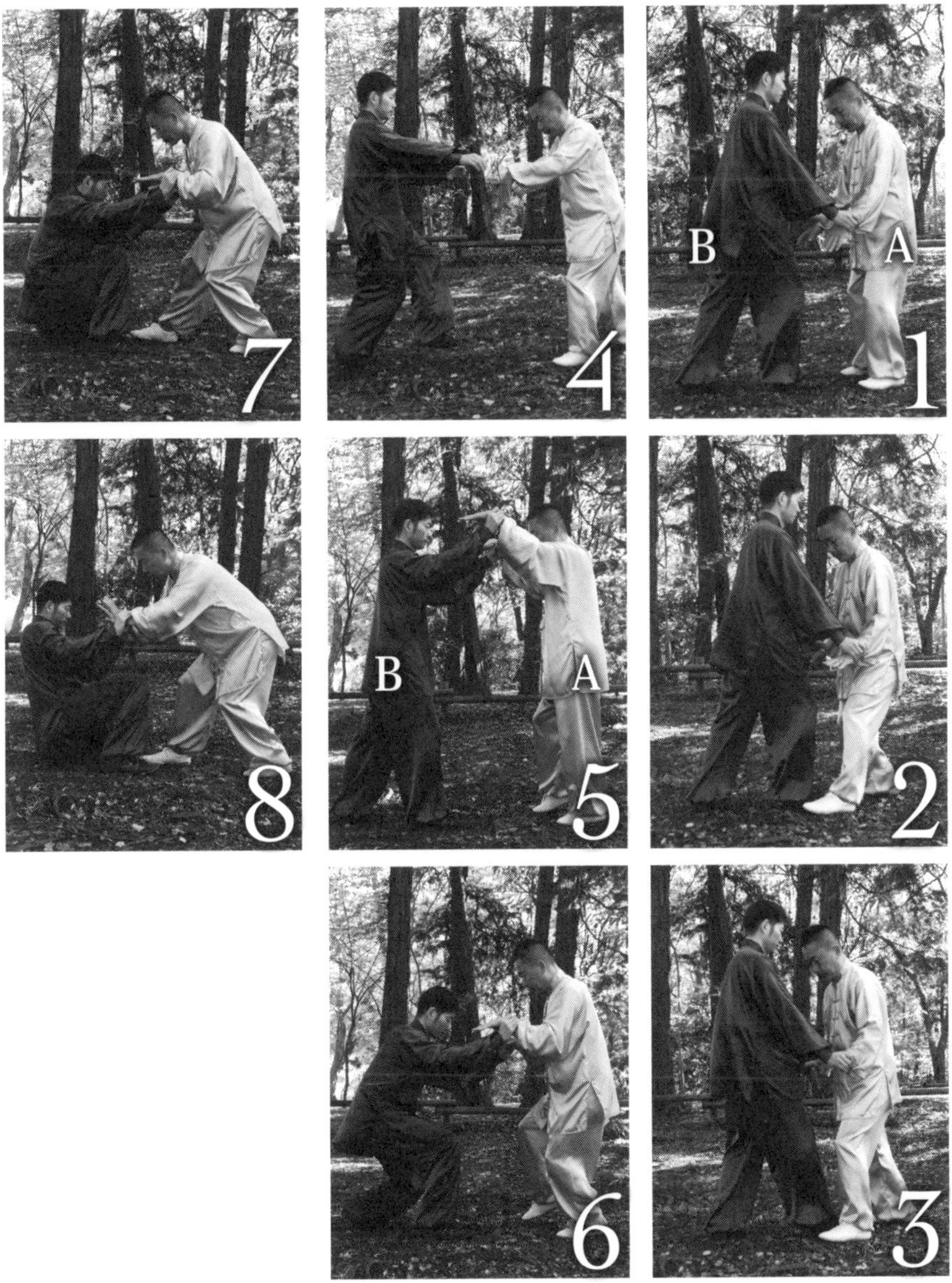

るだけです。

Ｂは、がむしゃらな力でＡを動けなくしようとしてはいけません。これはあくまでも「力の流れ」を掴むための練習ですから、ＢはＡが動く力を感じながら、そのやや少ない力でＡを制止しようとしてみましょう。

おわりに

一般の人に「太極拳は〝武術〟です」と言えば、「えっ、健康体操ではないんですか？」と不思議な顔をされるかもしれません。「武術」や「格闘術」というと、拳で殴り合ったり、投げ飛ばしたりする、乱暴なイメージがあります。しかし、本来の武術は、単なる力任せの荒っぽいものではありません。

「太極拳」の「太極」とは、「一陰一陽是太極也」と古い教えにあるように「陰と陽の調和」です。それが「武術」の原理です。まず「陰の腕」「陽の腕」という「一陰一陽」を理解していくべきです。

「起勢」は、すべての流派の太極拳套路で「第一式」の動作ですね。「両手を体側から肩幅に持ち上げ、沈めていく」という、このシンプルな動作を何度も繰り返し練習していくうちに、あなたは不思議な静けさと力強さが満ち溢れてくるのを感じるでしょう。スピードや腕力の勝負ではない「太極の力」を得ることができるのです。

太極拳は一人練習が基本ですが、二人で練習すれば、武術としての技を体得することができます。読者のみなさん、この本で紹介した「二人練習」をぜひ、あなたの友人と試して、「武術」としての太極拳を楽しもうではありませんか！

真北斐図

◎真北斐図の太極拳教室

どの教室も、約10名ほどのメンバーが集まって、楽しく太極拳を練習しています。全教室、真北斐図がご指導いたします（青空教室は、雨の日は中止になります）。

■井の頭公園・青空教室

日時：毎週月・水・金 AM10:00 ～ 11:30（簡化24式太極拳）、
AM11:30 ～ 12:00（陳式太極拳）
毎週土 PM12:00 ～ 1:20（簡化24式太極拳）、
PM1:30 ～ 3:00（陳式太極拳）
場所：東京都武蔵野市御殿山　井の頭公園
交通：JR中央本線・京王井の頭線　吉祥寺駅下車徒歩10分

■有栖川宮《ありすがわのみや》記念公園・青空教室

朝早めの時間帯につき、出勤前に参加可能な教室です。
日時：毎週火 AM7:30 ～ 8:30
場所：東京都港区南麻布　有栖川公園
交通：東京メトロ日比谷線　広尾駅下車徒歩5分

■立野町《たてのちょう》教室

日時：火曜（月3回）PM5:45 ～ 7:25
場所：東京都練馬区立野町　立野地区区民館（03-3928-6216）
交通：西武バス　関町南2丁目下車徒歩3分

著者◎真北 斐図　Ayato Makita

1951年、愛媛県生まれ。1979年に太極拳を学び始め、1988～1995年に上海の兪棟梁老師より陳式太極拳83新架式を学ぶ。2003年から毎年、「六本木ヒルズ朝の太極拳」で講師を務め、好評を博す。2007年、CSテレビ（248）「いきいきレッスン　簡化24式太極拳」に出演。著書に『ひとりでできる太極拳健康法』（2005年）、『ひとりでできる活静体操健康法』（2006年）、『健康第一 朝の太極拳DVDでレッスン』（2008年）、『誰にも聞けない太極拳の「なぜ？」』（2011年）、『HOW TO太極拳のすべて』（2015年）、『太極拳のヒミツ』（2017年）など。現在、コズミックダンス研究所代表。

「真北斐図の太極拳HAO!」http://otm.xrea.jp/
「真北斐図のEASY Tai Chi」https://www.easy-taichi.com/

◎コズミックダンス研究所
TEL&FAX　042-466-4022
Mail　otm@magic.odn.ne.jp

イラスト●真北斐図
撮影協力●箭内秀人
本文デザイン●和泉仁
装丁デザイン●やなかひでゆき

◎本書は、武道・武術専門誌『月刊秘伝』2017年11月号～2018年11月号に連載された「太極拳のマコト」、及び2019年2月号に掲載された特別編をもとに単行本化したものです。

全流派の"奥義"がシンプルにまとまった

じつは最強！
武術家のための24式太極拳

2019年2月5日　初版第1刷発行

著　者　真北斐図
発行者　東口敏郎
発行所　株式会社BABジャパン
〒151-0073 東京都渋谷区笹塚1-30-11　4・5F
TEL　03-3469-0135　　FAX　03-3469-0162
URL　http://www.bab.co.jp/
E-mail　shop@bab.co.jp
郵便振替 00140-7-116767
印刷・製本　中央精版印刷株式会社

ISBN978-4-8142-0180-8 C2075

BOOK Collection

太極拳の真髄
～簡化24式太極拳編者の理論解説と歴史～

24 式太極拳の編者にして太極拳の父、李天驥老師が八十年の武術・太極拳人生の集大成として太極拳の実践と理論、歴史を綴った決定版。■目次：太極拳の理論（「太極拳論」と「十三勢歌」・太極拳の起源、発展と流派・他）／簡化二十四式太極拳（図解・練習における3つの段階・他）／健身のための功法（八段錦・太極養生十三勢功）／私が歩んできた道／後書き

●李天驥 著　●A5判　●300頁　●本体2,718円+税

呉式太極拳・馬長勲老師
太極拳を語る　心と体を養う、推手の理解と実践

表面的技術ではなく、推手（相対技法）の核心がわかる!　相手の勁（力）を引き出して外し、機に乗じて変化ー。放鬆（脱力）を極め、心気を順にする!　北京の南湖公園にて、馬老師が信頼した弟子に伝えた先人の故事、伝統拳論、歌訣の解釈、自身の修業経験など、貴重な話を収録。その推手は“神手”と呼ばれる、伝統太極拳の現存するレジェンドー 馬長勲老師の書は濃密で精錬、太極拳研究者なら必読です。

●馬長勲、王子鵬 著　●A5判　●316頁　●本体1,800円+税

「10 の言葉」がカラダを拓く！
太極拳に学ぶ身体操作の知恵

「太極体動（タイチ・ムーブメント）はすべてに通ず!」武術・スポーツ・芸事・日常生活に活かせる！　古来から練り上げられ蓄積された身体操作のエッセンス「10 の言葉（太極拳十訣）」が示す姿勢や意識のあり方で、あらゆる身体行動を〝質的転換〟へ導く革新的な一冊！太極拳の根本教典『太極拳経』の直訳文・通釈文も収録!

●笠尾楊柳 著　●四六判　● 224 頁　●本体1,500円+税

劉慶州老師が基本から教える
太極推手入門

「基本こそが極意」太極拳は、まさにこの言葉にふさわしい武術である。基本を深めれば深めるほど、相手の動きを正確に聴き取り、巧みに無力化し、そして相手を弾き飛ばすほどの勁を得る。本書では、その体現者である劉慶州老師が、太極推手の基本動作と思想を丁寧に解説。付属のDVDにより、動作の流れを分かりやすく説明します。

●劉慶州 著／太極拳友好協会 編著　●A5判　●208頁
●付録DVD収録時間62分　●本体 2,100 円+税

宗家 20 世・陳沛山老師の
太極拳『超』入門

今まで無かった! 太極拳創始者直系の伝承者が教える最も基本的な体の使い方から極意まで!　太極拳で用いる基本的な身体技法から、伝統太極拳のエッセンスを凝縮した四正太極拳（20 套路）を学べます。さらに太極拳の歴史や思想を学べるトピックスや、陳家に伝わる未公開エピソードも含まれた、これまでになかった新しいスタイルの入門書。

●陳沛山 著　●A5判　●336頁　●本体 2,000 円+税